MARCEL RUFO

Selber Ödipus!

Buch

Wie erklärt es sich, dass die kleine Audrey, die von dem Ertrinkungstod ihres Vaters nichts weiß, jede Nacht mit Atembeschwerden zu kämpfen hat? Was lässt den Autisten nach siebzehn Jahren beharrlichen Schweigens seine Stimme erheben? Warum möchte der Junge, der erfährt, dass er durch künstliche Befruchtung zur Welt kam, lieber glauben, er sei adoptiert? Soll man einen Siebenjährigen den Vater besuchen lassen, der wegen Mordes im Gefängnis sitzt? Wie kommt es, dass ein Kind nach der Scheidung der Eltern häufig genau mit dem Elternteil leben möchte, dem das Sorgerecht nicht zugesprochen wird? Diese und viele andere Fragen beantwortet der erfahrene Kinderpsychologe Marcel Rufo mit Einfühlungsvermögen, Intuition und Kühnheit.

»Nein, Eltern sind nicht immer verantwortlich für den Kummer ihrer Kinder. Und es ist auch nicht immer gut, ihnen die ganze Wahrheit zu erzählen, manchmal ist eine Notlüge angemessen ... Wenn Marcel Rufo Klischees der Kinderpsychologie konterkariert, dann nicht aus purer Lust an der Provokation, sondern mit dem Ziel, seine jungen Patienten und ihre Familien zu unterstützen und zu beruhigen ... Ein engagierter Kinderpsychologe durch und durch.«
Elle

Autor

Marcel Rufo, Professor für Kinderpsychiatrie am Hôpital Sainte-Marguerite in Marseille, ist einer der bekanntesten Spezialisten für Seelennöte von Kindern und Jugendlichen. Mehr als 35 Jahre praktische Erfahrung fließen in seine tägliche Arbeit ein. In Frankreich wurden seine Bücher sämtlichst zu Bestsellern.

Marcel Rufo

Selber Ödipus!

Aus der Praxis eines Kinderpsychologen

Aus dem Französischen
von Kristiana Ruhl

GOLDMANN

Die Originalausgabe erschien
unter dem Titel »Œdipe toi-même!«
bei Anne Carriere, Paris.

Deutsche Erstveröffentlichung

Umwelthinweis:
Alle bedruckten Materialien dieses Taschenbuches
sind chlorfrei und umweltschonend.

Der Goldmann Verlag ist ein Unternehmen
der Verlagsgruppe Random House GmbH

Deutsche Erstausgabe Dezember 2002

Umschlaggestaltung: Design Team München
Umschlagabbildung: Mauritius/Nonstock (03.332.997.0001)
Satz: DTP-Service Apel, Hannover
Druck: Elsnerdruck, Berlin
Verlagsnummer: 15167
Redaktion: Martina Georg
KF · Herstellung: Sebastian Strohmaier
Made in Germany
ISBN 3-442-15167-8
www.goldmann-verlag.de

1 3 5 7 9 10 8 6 4 2

Inhalt

Lange und schwierige Behandlungen

Psychotherapie ist nicht alles im Leben

Ideale Beratungen

Einführung

»Wie kommt es, dass Sie sich so für kranke Kinder interessieren?«

Die Frage stellt mir René Diatkine, als wir eines Abends auf einem Kongress für pädiatrische Psychiatrie in der Gegend von Bordeaux beim Essen zusammensitzen. Sie trifft mich unvorbereitet, während ich gerade dabei bin, möglichst unauffällig einen Teller Ringeltaubenragout an Serge Lebovici weiterzureichen. Er ist auf der Flucht vor seiner Frau Ruth, die ihn mit Argusaugen verfolgt, weil er krank ist und eine strenge Diät einhalten soll. Überrascht entgegne ich, ohne weiter nachzudenken: »Keine Ahnung, es gibt keinen besonderen Grund dafür.«

Zunächst vergesse ich die Frage wieder. Doch dann, von Wein und gutem Essen beflügelt, macht sich mein Unbewusstes ans Werk, es ist, wie wenn ein Stock den Grund eines stillen Gewässers aufwühlt. Schließlich ergehe ich mich vor den drei Großmeistern der französischen Kinderpsychiatrie (Michel Soulé ist auch mit von der Partie) in Kindheitserinnerungen. Ein Zufall?

Als ich klein war, befiel mich plötzlich ein ungewöhnlich heftiger Husten. Der zu Hilfe gerufene Arzt diagnostizierte Keuchhusten und bemerkte schwarzmalerisch:

»Man weiß immer, wie es anfängt, aber nie, wie es endet …«

Von seinen Worten aufgeschreckt, zog meine Mutter ihre eigene Mutter ins Vertrauen. Meine Großmutter war eine starke und energische Person, die sich von einem Feld-Wald-Wiesen-Doktor nicht den Schneid abkaufen ließ. Sie entschied, dass ein Spezialist konsultiert werde, ein Kinderarzt. Angesichts unserer bescheidenen Mittel und der hohen Kosten, die uns erwarteten, war das eine äußerst bemerkenswerte Entscheidung. Der Kinderarzt schickte mich ohne weitere Umstände zum Röntgen, wo ein geschwollener Achsellymphknoten infolge einer Primärtuberkulose festgestellt wurde.

Als meine Großmutter, eine Art weibliche Ausführung des Raimu aus Marcel Pagnols berühmter Trilogie, das hörte, beschimpfte sie den Arzt erst einmal als »Grobian«. In ihrer Familie habe es noch nie Tuberkulose gegeben! Die tapfere Frau hatte allerdings nicht bedacht, dass just zur gleichen Zeit Victor, einer unserer Nachbarn, großzügig Koch-Bazillen über alle verstreute, die das Pech hatten, ihm zu nahe zu kommen.

Obwohl sie die Kompetenzen des Kinderarztes stark anzweifelte, erschien es ihr angeraten, mich für eine Weile gesünderer Luft auszusetzen. Und so zogen wir, meine Mutter, sie und ich, nach Collobrières (das gerade 20 Kilometer von zu Hause entfernt lag), um aktiv meine Genesung in Angriff zu nehmen.

Vier Monate lang kümmerten sich die beiden Frauen ausschließlich um mein Wohlergehen. So viel geballter Aufmerksamkeit konnte meine Primärtuberkulose nicht widerstehen, und schließlich wurde ich für geheilt erklärt. Gleichwohl genoss ich fürderhin bei der alljährlichen Schuluntersuchung das zweifelhafte Privileg, als Einziger geröntgt zu werden. Die Schulter gegen die kalte Platte gedrückt, hörte ich das vertraute »Atmen – nicht mehr atmen«, und jedes Jahr aufs Neue entdeckte der Arzt eine Verkalkung unter der rechten Achsel, eine der Folgeerscheinungen meiner Tuberkulose. Eine andere war sicherlich eine besondere Form von Ödipuskomplex in Bezug auf meine Großmutter, eine Art Überödipus.

Als ich mit meiner Geschichte zu Ende war, fragte mich René Diatkine unter den belustigten Blicken der Entdecker meines Unbewussten erneut: »Wie kommt es, dass Sie sich so sehr für kranke Kinder interessieren?«

Touché! Die tief vergrabene, verdrängte Krankheit war aus den Tiefen einer Erinnerung aufgestiegen, zu der ich keinen Zugang mehr gehabt hatte. Ich konnte nur noch gestehen, dass ich jedes Jahr an Weihnachten den weiten Weg nach Collobrières fuhr, einzig und allein um glasierte Maronen zu kaufen.

Genügt die Tatsache, dass ich ein krankes Kind gewesen bin, um zu erklären, was aus mir geworden ist? Man kann mühelos einen Zusammenhang herstellen und meine Kindheit für meine Berufswahl verantwortlich machen. Nichtsdestotrotz fühlte ich mich weder zur Medizin noch zur Psychiatrie berufen.

Ich möchte gerne noch von einer anderen Erinnerung erzählen – und zwar von einer, die nach wie vor sehr lebendig für mich ist. Ich wurde als Kind direkt in die Grundschule eingeschult, ohne erst die Vorschule zu besuchen, wie es in Frankreich üblich ist. Lesen, schreiben und zählen konnte ich dennoch schon, denn das hatte ich auf den Wochenmärkten gelernt, auf denen meine Großmutter Obst und Gemüse verkaufte. Den ganzen Vormittag über malte ich Preise auf Tafeln. Sobald die Konkurrenz die Tarife änderte, wischte auch ich die Zahlen aus, um neue aufzuschreiben. Auf diese Weise war ich etwa auf dem gleichen Stand wie die anderen Erstklässler, abgesehen davon, dass ich zweisprachig war. Ich dachte auf Italienisch, und wenn ich Französisch hörte, brauchte ich erst ein wenig, um es in meinem Kopf zu übersetzen, bevor ich antwortete. Dieses Zögern war unserer Lehrerin nicht entgangen. Sie trug den Namen Madame Rouen, der für mich, das Kind des Südens und des Mittelmeeres, außerordentlich exotisch anmutete. In meinen Ohren klang er nach dem anderen Meer, dem Meer des Nordens mit seinen Nebeln und den anglonormannischen Inseln, einer unbekannten, fernen Welt. Abgesehen davon war Madame Rouen allerdings alles andere als sphärisch! Von hünenhafter Statur, den Kopf von Kringellöckchen umrahmt, ließ sie mit donnernder Stimme ihre Fragen wie Salven auf uns niederprasseln. Da ich mit meiner Antwort stets auf mich warten ließ, wandte sie sich sofort dem nächsten Kind zu. (Ich möchte hinzufügen, dass ihre Ungeduld sicherlich eine Folge des Babybooms war: Wir waren rund fünfzig Schüler in der Klasse.)

Das war im Jahre 1949, zwei Jahre zuvor waren erstmals psychologische Tests gemacht worden. Madame

Rouen beschloss, den wissenschaftlichen Fortschritt zu fördern, und stellte mich als Versuchskaninchen zur Verfügung. Urteil des Psychologen: Ich war nicht taub, was schon einmal die erste Vermutung der Lehrerin widerlegte. Ich war auch nicht dumm, was ihre zweite Annahme Lügen strafte. Der gute Mann schloss seine Stellungnahme mit der Bemerkung: »Er ist sogar durchaus intelligent.« Dieser Satz gab meinem Leben zweifellos die entscheidende Wendung. Von Gewissensbissen gemartert, versuchte Madame Rouen alles nachzuholen, was versäumt worden war, bemühte sich eifrig um mich und nahm mich dran, so oft sie konnte. Dank ihrer Unterstützung und Motivation schloss ich das Schuljahr mit Auszeichnung ab. Die Erfahrung gefiel mir so, dass ich auch die folgenden Jahre so weitermachte. Einmal im Jahr kaufte mir meine Mutter anlässlich der Preisverleihung für die Jahresbesten am Schuljahresende neue Sachen zum Anziehen. »Du gehst von hinten durch den Saal, dann steigst du auf das Podest und machst mir unauffällig ein Zeichen, das genügt mir …«, gab sie mir dann mit auf den Weg.

Es versteht sich von selbst, dass ich diese Anekdote mag, aber das ist nicht der einzige Grund dafür, dass ich sie erzählen wollte. Ich finde sie interessant, weil sie zeigt, dass in jedem Leben Glück und Zufall eine Rolle spielen. Denn jetzt ist es Zeit für die Was-wäre-Wenns: Wenn ich nicht zweisprachig gewesen wäre, wenn ich nicht getestet worden wäre, wenn nicht jemand gesagt hätte, ich wäre intelligent … wäre auch dann etwas aus mir geworden? Wenn ich bei meiner bescheidenen Herkunft nicht diese narzisstische Zuwendung meiner Mutter und meiner Lehrer gehabt hätte ... wäre auch dann etwas aus mir geworden?

Da ich ein guter Schüler war, ging jeder automatisch davon aus, dass ich Lehrer werden würde, und so machte ich die Aufnahmeprüfung an der kleinen pädagogischen Hochschule vor Ort, die ich mit Leichtigkeit bestand. Einer der Prüfer suchte meinen Vater auf, um mit ihm über mich zu reden. »Wissen Sie, er kann mehr erreichen.« Mein Vater darauf: »Sie sind der Lehrer. Wenn Sie das meinen, dann soll er eben weitermachen.« Und wieder eine Chance.

Als Studienfach suchte ich mir die Philosophie aus, die mich faszinierte, doch, tja – nun, meine Freunde waren alle Mediziner. Dass ich mich schließlich für dieses Fach entschied, lag sicherlich vor allem daran, dass ich gern mehr Zeit mit ihnen verbringen wollte.

Als ersten Studienschwerpunkt wählte ich die Neurologie, um die Funktionsweise des Gehirns kennen zu lernen, das immer noch so rätselhaft, faszinierend, unergründlich und wenig erforscht war. Nach den Neuronen wandte ich mich der Pädiatrie, der Kinderheilkunde, zu. Wahrscheinlich hatte ich das Bedürfnis, mich mit so genannten »normalen« Kindern zu beschäftigen, um sie kennen und verstehen zu lernen, zweifellos aber auch, um mich selbst zu »normalisieren«.

War ich ein guter Kinderarzt? Ich weiß jedenfalls, dass ich recht schnell an meine Grenzen stieß. Es war der kleine Antoine, der mich dorthin brachte. Er war vier Jahre alt und litt aufgrund einer Nierenfehlfunktion an maligner

Hypertonie. Eines Tages bekam er Nasenbluten und heftige Kopfschmerzen in Verbindung mit starkem Ohrenrauschen. Auf Anraten des behandelnden Arztes brachten ihn seine erschreckten Eltern ins Krankenhaus. Ich hatte an diesem Tag Dienst und erschrak nicht minder, als ich den kleinen Jungen sah. Sein diastolischer Druck lag bei 120 mmHg, ein beunruhigend hoher Wert, zumal für sein Alter. Ich rief einen älteren Kollegen hinzu, der meine Diagnose und meinen Behandlungsvorschlag überprüfen und absegnen sollte. Wir gaben starke Blutdrucksenker, die schließlich auch die gewünschte Wirkung zeigten: Nach einer Weile sank der Blutdruck. Als Antoine sich besser fühlte, fand er sofort die Sprache wieder und sagte zu mir: »Hört auf, mich zu untersuchen! Ihr nervt mich! Ich weiß, warum ich krank bin. Ich habe zu viele Anchovis gegessen.« Der Knirps hatte in der Tat eine große Vorliebe für frittierte Anchovis, die er aufgrund seiner salzarmen Diät eigentlich nicht essen durfte. Doch an diesem Tag fand in dem kleinen Hafen nahe Marseille, in dem seine Eltern von der Fischerei lebten, ein großes Fest statt, und sie hatten ihm an diesem besonderen Tag seine Lieblingsspeise nicht verbieten wollen.

Wir ließen Antoine allein, um zu unseren anderen kleinen Patienten zurückzukehren. Doch schon bald wurden wir wieder an sein Bett gerufen. »Der Kleine mit den Anchovis«, wie ich ihn heute nenne, hatte einen Herzstillstand. In größter Eile fuhren wir mit ihm in den sechsten Stock, wo die Reanimationen durchgeführt wurden, und begannen eine Herzmassage, die ihn wieder ins Leben zurückholte. Kaum bei Sinnen, fing Antoine wieder an zu schimpfen: »Hört auf, mich zu schütteln, ich bin doch keine Stoffpuppe …« Als ob er in seinem tödlichen Koma wahrgenommen hätte, wie wir seinen kleinen Thorax bearbeiteten, um ihm wieder Atem einzuhauchen. Anschließend ließ ich ihn nicht mehr aus den Augen, ging höchstens einmal kurz hinaus, und das behagte ihm ebenso wenig: »Du gehst mir auf die Nerven mit deinem Stethoskop. Ich mag halt gern Anchovis.«

Die Erholung war jedoch nur von kurzer Dauer. Wenig später hörte Antoines Herz trotz aller Bemühungen auf zu schlagen, und keine unserer Maßnahmen brachte es mehr dazu, seine Arbeit wieder aufzunehmen.

Die folgenden Minuten werde ich nie vergessen. Ich allein im Aufzug, auf dem Weg zu den Eltern, um ihnen die schreckliche Nachricht zu überbringen. Außer sich vor Schmerz und Wut, stürzt sich der Vater auf mich, um mich zu schlagen, ich drücke ihn an mich, schließe die Arme um ihn, damit er sich seinem Kummer ergeben kann.

An diesem Tag wurde mir klar, dass ich diesen Beruf nicht ausüben kann. Ich bin nicht in der Lage, Trauer im Handumdrehen zu verarbeiten und sofort wieder zur Tagesordnung überzugehen. Ich kann es nicht ertragen, wenn eine Zukunft so abrupt ausgelöscht wird. Sicherlich hat mich Antoines Tod dazu gebracht, die Pädiatrie aufzugeben und mich Kindern zuzuwenden, die Probleme im Leben haben, statt immer wieder mit solchen konfrontiert zu werden, die dem Tod geweiht sind.

Seit diesem Tag möchte ich jeden kleinen Jungen warnen, den ich beim Anchovisessen sehe: »Pass auf, sonst wirst du krank!« Natürlich sage ich nichts und lächle nur.

Nicht jedes Kind, das Anchovis liebt, so rufe ich mich zur Vernunft, leidet zwangsläufig an tödlichem Bluthochdruck.

Meine erneute Umorientierung im Studium führte mich in die Psychiatrie. Ich erhielt alsbald die Möglichkeit, praktisch auf Station zu arbeiten, und entschied mich für die Uniklinik der medizinischen Fakultät von Marseille in Timone. Jeden Morgen öffnete ich mit einem enormen Schlüssel die Tür zur Station, mit dem Knirschen im Schloss begann sozusagen mein Arbeitstag. Und jeden Morgen eilte mir eine junge Frau entgegen. Sie war sehr eingeschränkt in ihrer Fähigkeit zur Kontaktaufnahme und sagte immer nur zwei Dinge: »Panpan!« und »Hu!« Wenn ich mit »Panpan!« antwortete, rannte sie über den Stationsflur davon, als ob es ihr gleich an den Kragen ginge. Aber wenn ich »komm« sagte, hängte sie sich an meinen Arm, immer den linken. Eng an mich geschmiegt, begleitete sie mich dann den ganzen Vormittag über.

Diese junge Frau war seit 18 Jahren in dieser Klinik hospitalisiert. Sie war auf der Straße herumgeirrt, bis man sie fand. Obwohl so viele Jahre vergangen waren, kannte niemand ihre Identität, ihre Geschichte oder die Ursachen für ihre Krankheit. Irgendwann begann ich, Dinge dieser Art normal zu finden, und als mir das bewusst wurde, beschloss ich, die Psychiatrie zu verlassen. Ich wollte nicht, dass bei mir die Abstumpfung so chronisch wurde wie bei manchen Patienten die Krankheiten.

Rückblickend erscheint es mir, als hätte ich den klassischen Weg genommen: Kaum dem Hörsaal entronnen, stürzte ich mich auf die größten und härtesten Herausforderungen, bis mir schließlich klar wurde, dass mich in Wirklichkeit etwas ganz anderes interessierte, nämlich das Alltägliche, das Flüchtige, das Nebensächliche, alles, was schwer zu durchschauen ist, sich nicht durch Schreie kundtut oder hinunterschlucken lässt, alles, was man nicht zur Gänze medizinisch behandeln kann, sondern worüber man reden muss.

Mit einem Psychotiker, das ist mir von Beginn an klar, identifiziere ich mich nicht. Das schützt mich und stärkt mich in meiner Rolle als Psychiater. Ein Neurotiker dagegen kann bzw. könnte ich selber sein. Ungeachtet der Tatsache, dass es in Fachkreisen gemeinhin schlecht angesehen ist, arbeite ich in der Therapie viel mit projektiver Identifizierung. Das bedeutet nicht, dass ich mit dem Patienten verschmelze. Ich versetze mich an seine Stelle, höre ihm zu, zeige Anteilnahme. Das hilft mir zu verstehen, und wenn ich verstehe, ist das gut, weil mir der andere sofort sympathischer erscheint. Anschließend versuche ich, ihm verständlich zu machen, was ich verstanden zu haben glaube, um zu verhindern, dass er den scheinbar vorbestimmten und unausweichlichen Weg der Neurose einschlägt. Dazu muss man reden, Ansätze und Mechanismen erklären. Nichts sagen ist keine Therapie; ganz zu schweigen davon, dass bleierne Stille für den Patienten, der sich ohnehin in einer Situation voller Schmerz oder Anspannung befindet, unerträglich werden kann.

Ich habe es nie mit Wiederholungsfällen zu tun, sondern immer mit einzigartigen und einmaligen Geschichten, in die ich mich jedes Mal aufs Neue einarbeiten muss.

Ich dringe in ein Problem, ja in ein Leben ein und versuche, in dem Ganzen einen Sinn, eine Bedeutung zu finden, Vorstellungen, die vielleicht als Ausgangspunkte dienen können und beim Patienten den psychischen Apparat wieder in Gang setzen. Der Psychiater macht seine Sache gut, wenn das Subjekt wieder anfängt, selbst zu denken, zu assoziieren, Pläne für die Zukunft zu machen, und das aktiv und mit Spaß an der Sache.

Sicher weiß man trotzdem, dass niemals alles bereinigt ist. Die Psychiatrie bietet keine Antibiotikatherapie, es gibt keine vollständige Heilung, und gerade das ist das Interessante daran: Jeder bestimmt selbst über sein Schicksal und seine psychische Entwicklung, jedem steht es frei, sich selbst zu heilen, statt Heil in unserer Behandlung zu suchen. Der Psychiater muss die Vorstellung akzeptieren, dass er niemals die gleiche Macht hat wie etwa ein Chirurg. Er muss mit seinen Grenzen leben und zweifellos auch mit seinen eigenen Neurosen, die seinem Verstehen immer wieder im Wege stehen.

Um es gleich vorwegzunehmen, ich kenne alle meine Klassiker, das heißt alles, was die Theorie der Psychoanalyse angeht. In der Praxis aber mache ich vor allem sehr gute Erfahrungen mit Intuition und Chuzpe. Das Eigenleben der Psyche erscheint mir ziemlich ungeordnet, also passe ich mich an und bin in meiner Vorgehensweise ebenfalls ungeordnet. Ich bin wie diese Fischer, die ihre Beute mit einer Art Dreizack harpunieren. Sie stoßen den Spieß einfach aufs Geratewohl ins Wasser. Manchmal gelingt es ihnen, eine oder sogar zwei Meeräschen zu erwischen, manchmal auch nicht. Dann stechen sie eben wieder zu.

Genau so funktioniert die Psychotherapie. Wenig Zauberei, dafür viel Know-how, Intuition und Geduld.

Mein Stil ist bestimmt anfechtbar. Aber immerhin habe ich einen und wage es auch, ihn zu präsentieren.

Nach über dreißig Jahren Praxiserfahrung bin ich davon überzeugt, dass Theorie zwar unerlässlich ist, aber leider in der Praxis nicht viel nützt und sie schon gar nicht ersetzen kann. Die Klinik ist meiner Ansicht nach der einzige Ort, an dem unsere merkwürdige Disziplin gelehrt werden sollte. Sie ist nicht rein akademisch und darf sich nicht auf theoretische Lehrfächer beschränken. Es ist wesentlich sinnvoller, einem Kinderpsychiater bei der Arbeit zuzusehen als seine Vorlesungen zu hören.

Ich nehme Sie hier nicht deshalb in meine Sprechstunden mit, weil ich exhibitionistisch veranlagt bin, sondern weil ich Sie nur auf diese Art teilhaben lassen kann am unerschöpflichen Reichtum dieses Berufes, in dem nichts jemals vollendet wird. Und der in meinen Augen der schönste Beruf der Welt ist.

Kind und Krankheit

Bei meiner Arbeit in den Bereichen Kinderheilkunde und -chirurgie hatte ich einige für mich richtungsweisende Begegnungen mit kranken Kindern. Zunächst aber musste ich mich aus der Faszination lösen, die die kleinen Kranken auf mich ausübten. Erst dann konnte ich mich wahrhaftig der Subjekte, der kleinen Persönlichkeiten, annehmen, statt nur ihre Krankheit zu sehen. Ich interessierte mich also für ihre Familiengeschichte und versuchte, mir ein Bild von der Vorstellung zu machen, die sie selbst von ihrer Krankheit hatten. So gesehen ist die Medizin tatsächlich so etwas wie eine Vorbereitung auf die Psychiatrie.

Michel,
ein krankes Kind,
wie ich es gern gewesen wäre

Michel war acht und litt an einer schweren Form von Lymphknotenkrebs. Behandelt wurde er in der Uniklinik von Timone, wo er den Stationsbetrieb beständig durcheinander brachte. So wollte er zum Beispiel unbedingt seine Mutter bei den Lumbalpunktionen dabei haben, die er bekam, damit die bösartigen Zellen nicht weiterwucherten; er warf seine Tabletten weg, statt sie einzunehmen, und versuchte sogar, aus der Klinik zu türmen. Kurzum, die Ärzte waren bald mit den Nerven am Ende. Sie waren davon überzeugt, dass der kleine Junge so verzweifelt war, Krebs zu haben, dass er den Verstand verloren hatte. Deshalb riefen sie mich zu Hilfe.

Sehr schnell entwickelte ich lebhafte Zuneigung zu dem kleinen Kerl. Er ähnelte mir oder, besser gesagt, er war so, wie ich gerne gewesen wäre, wenn ich in seinem Alter eine unheilbare Krankheit bekommen hätte: ein Junge, der durch Fantasie, Unfug und immer neue Tricks mit aller Kraft gegen den Tod ankämpfte. Was für ein herausragender Psychiater hätte er mit diesen Fähigkeiten werden können.

Und was ihm nicht alles einfiel! Vor jeder Untersuchung unterzog er seine Goldfische einer Lumbalpunktion, so dass seine Mutter die armen Tiere jedes Mal diskret austauschen musste, weil sie dieser Behandlung natürlich nicht standhielten. Eines Tages im Supermarkt ging er an den Schalter, wo Kinder ausgerufen werden, die sich verlaufen haben, und erklärte dem Zuständigen: »Ich möchte meine Mama wiederfinden.« Auch als man ihm freundlich zu verstehen gab, dass er alt genug sei, um sich allein zurechtzufinden, ließ er sich nicht abwimmeln und verlangte folgende Durchsage: »Ein kleiner krebskranker Junge hat seine Mama verloren!«

Ein anderes Mal bat er auf dem Weg ins Krankenhaus den Busfahrer, die Nummer des Busses auszutauschen: »Ich bin sehr krank, ich möchte, dass du mir einen letzten Wunsch erfüllst.« Der Fahrer war einverstanden, und Michel sah beglückt zu, wie die Leute in den falschen Bus stiegen, um irgendwo zu landen, wo sie gar nicht hinwollten.

Ich mochte Michel sehr und besuchte ihn regelmäßig, doch unser Verhältnis war nicht ungetrübt. Um ehrlich zu sein, hatte er ein Riesenproblem mit mir und allem, was ich ihm sagte. Nichtsdestotrotz musste ich meine Rolle weiterspielen.

Dieser lebhafte und aufgeweckte Knirps versuchte nach Kräften, so viel sekundären Gewinn aus seiner Krankheit zu ziehen wie möglich. Seine Eltern waren beide fabelhaft, doch er hing vor allem an seiner Mutter, die er regelrecht zu seiner Sklavin gemacht hatte. So erklärte er mir einmal: »Ihr Mann sollte eigentlich in der Garage schlafen und ich in ihrem Bett, weil ich wirklich sehr krank bin. Was meinst du dazu, Rufo?« Natürlich dachte ich – und das sagte ich ihm auch –, dass das nicht sein Platz sei, dass er, so krank er auch war, in seinem Zimmer schlafen sollte und sein Vater bei seiner Mutter, weil nämlich der Ödipuskomplex … Da fiel er mir wütend ins Wort: »Selber Ödipus!«

Seine Eltern erzählten mir später, dass sie nach seinem Tod einen ganzen Haufen kleiner Zettel in seinem Zimmer gefunden hätten, auf denen er meine Deutungen kritisierte. »Dieser Psychiater wollte mir schon wieder einreden, ich hätte ein Ödipusproblem, dabei sollte er lieber mal sein eigenes anschauen …« Ungeachtet dessen sagte er jedes Mal, wenn er zu einer Untersuchung nach Timone kam, zum Assistenzarzt: »Du solltest Rufo holen«, und schon eilte ich herbei. Überdies – auch das erzählten mir die Eltern später – wollte er von Zeit zu Zeit nach Cassis, wo ich damals wohnte. Er ging zu meiner Tür, ohne zu läuten, und sagte nur: »Ich weiß, dass er da ist, das reicht mir. Jetzt bin ich beruhigt …«

Ich ging ihm auf die Nerven, und er machte mir Spaß. Wahrscheinlich hatte er schnell gemerkt, wie empfänglich ich für ihn war, und widersetzte sich aggressiv dagegen, dass ich ihm zu dicht auf die Pelle rückte. Er hatte verstanden, dass ich gar nicht mehr mit ihm hätte arbeiten dürfen, weil er mir bereits viel zu sehr ans Herz gewachsen war.

Wenn der Psychiater jedem Patienten gegenüber eine Rolle einnimmt, dann war ich für Michel so etwas wie ein Alter Ego, ein nicht krebskranker Michel, der seine Eltern nicht mit der Gier nach Krankheitsgewinnen gängelte. Er wusste, dass er sterben würde. Wahrscheinlich fand er es ein wenig seltsam, wie eifrig ich versuchte, ihn um jeden

Preis zu normalisieren, damit er für das Leben gerüstet wäre. Was mag er wohl von dem sonderbaren Typen gehalten haben, der davon überzeugt schien, dass ihn die Psychiatrie von seinem Lymphom heilen würde?

Ich habe Michel etwas mehr als zwei Jahre lang besucht. Am Ende schlug die Knochenmarktransplantation fehl, die ihn hätte retten sollen, und er starb. An seinem Todestag wollte er, dass ich komme, aber niemand hielt es für notwendig, mich zu holen. Daraufhin bemerkte er: »Wenn Rufo nicht kommt, heißt das, dass ich sterben werde.« Ich verpasste also den letzten Termin mit diesem Ausnahmekind.

Dank Michel begriff ich, dass ich zwar durchaus kranke Kinder behandeln konnte, dabei aber eine Schwachstelle hatte: meine starke Zuneigung und Empathie für Wesen wie ihn und meine Unfähigkeit zu schneller Trauerverarbeitung. Ich erkannte wieder einmal, dass ich Recht daran getan hatte, nicht Onkologe zu werden. Andererseits wurde mir erneut klar, wie wichtig für Kinder mit tödlichen Krankheiten und ihre Eltern die psychologische Betreuung ist.

Es wäre schön, wenn ich Michel geholfen hätte, wenn er dank der Therapie länger überlebt hat als andere. Vielleicht stimmt es nicht, aber ich möchte es gerne glauben.

Eines wenigstens scheint mir sicher. Nicht zuletzt dank Michel habe ich, glaube ich, meinen eigenen Tod verstanden.

Eine Chance von zwei zu hundert

Laetitia, 13 Jahre alt, zeigt alle Symptome einer schweren Depression.

Die Ursachen sind leicht verständlich, wenn man ihre Geschichte kennt. Das Mädchen war sieben, als die Ärzte Leukämie bei ihr diagnostizierten. Sie wurde Zeugin eines Gesprächs zwischen ihrer Mutter und einem Assistenzarzt, der sich zu einer erschreckenden Prognose hinreißen ließ: »Die Chancen stehen zwei zu hundert, dass sie es schafft.« Laetitia traute sich nie, mit irgendjemandem über das zu reden, was sie an diesem Tag gehört hatte. Vielleicht hatte sie es am Ende selbst vergessen, denn mit neun Jahren wurde sie für geheilt erklärt, ebenso wie eine ihrer Leidensgenossinnen.

Eben dieses andere Mädchen erleidet jedoch in der Adoleszenz einen Rückfall und stirbt, was Laetitia in eine Depression stürzt. Der Tod erinnert sie an ihren eigenen und an die schreckliche Prognose des Assistenzarztes. Sie waren zwei gewesen, die geheilt worden waren. Wenn eine von ihnen stirbt, stimmt die Prognose von zwei Prozent nicht mehr, also kann auch sie sterben. Interessanterweise leidet sie nicht am Überlebendensyndrom, das heißt, sie fühlt sich nicht schuldig, weil sie überlebt hat, während ihre Freundin der Krankheit unterlag, und sie ist auch nicht deswegen traurig. Das ist wahrscheinlich eine Besonderheit bei kranken Kindern: Es läuft zwischen ihnen eine Art Wettkampf um das Leben, der sich plötzlich in großer Geringschätzung in Bezug auf den Tod anderer oder zumindest in der Fähigkeit zu rascher Trauerverarbeitung äußern kann, wie man sie auch in Heilberufen findet. Das bedeutet nicht, dass diese Menschen unsensibel sind, sie sind nur in gewisser Weise geschützt durch ihre »Fachlichkeit«, durch sterile Gutachten und Protokolle. Mediziner und Pfleger gehen der Beziehung zu ihren Patienten nicht aus dem Weg, aber sie fördern sie auch nicht und das ist gut so. Zu enge Bande würden nur Schaden anrichten und schwer zu überwindende depressogene Phasen nach sich ziehen. Aus eben diesem Grund arbeiten in der Onkologie auch Psychiater und Psychologen, für die die Protokolle der Chemotherapie zweitrangig sind. Der Arzt kämpft gegen die Krankheit selbst, der Psychiater dagegen interessiert sich für die Vorstellung des Patienten von seiner Krankheit. Nur wenn diese beiden verschiedenen Ansätze berücksichtigt sind, ist gewährleistet, dass eine Station gut funktioniert.

Ich habe die Unvereinbarkeit dieser Rollen am eigenen Leib erlebt. Solange ich in der Pädiatrie tätig war, war ich nicht in der Lage, die psychologischen Probleme der Kinder zu betrachten. Meine Kräfte reichten nur für Staphylokokken, Epilepsie, Infektionen und Entzündungen. Ich konnte erst wirklich als Psychiater agieren, als ich de facto längst einer war. 1975 hatte ich die Idee, eines der Stationszimmer in ein Bistro umzuwandeln. Bei Kaffee oder Fruchtsaft würde ich mit den Eltern oder Geschwistern meiner kleinen Patienten ins Gespräch kommen können, statt mich nur auf meine sterile Medizinerrolle zu beschränken. Im Grunde hielt ich dieses Unterfangen selbst für Spleen und Spielerei. Und doch: Sogar heute, über zwanzig Jahre später, bekomme ich immer noch Nachrichten von den Eltern der Kinder, die ich damals behandelt habe. Es ist, als ob sie diese Phase in ihrem Leben besonders geprägt hätte, und zwar weniger durch die Krankheit als vielmehr durch unsere improvisierte Caféteria und die Atmosphäre vertrauter Nähe, die dort herrschte. Deshalb bin ich heute auch fest davon überzeugt, dass die Zukunft der Krankenhäuser in Wahrheit in den Caféterien liegt.

Ich besuche Laetitia drei Jahre lang. Von Anfang an ist mir der Grund für ihre Depression klar.

Der Tod nimmt in der Gedankenwelt der Heranwachsenden einen großen Platz ein. In diesem Alter hat man oft weniger Angst vor dem Tod als vor dem Leben. Solange jedenfalls, wie man den Tod wählen und kontrollieren kann. Russisches Roulette spielen, ohne Helm auf dem Moped herumrasen, das gibt einen Kick, aber es ist nicht zu vergleichen mit bösartigen Zellen, die einem den Körper zerfressen. Jugendliche möchten ihren Tod beherrschen, sie akzeptieren nicht, dass die Krankheit die Macht über sie ergreift. Wie ihre Altersgenossen wollte Laetitia auch sterben oder mit dem Tod spielen, ohne dass der Tod tatsächlich über sie obsiegt. Das Ableben ihrer Freundin wirft sie in die Vergangenheit zurück, in ihre tödliche Krankheit, und hindert sie daran, zu leben wie ihre Altersgenossen. Nachdem sie längst besiegt ist, zerstört die Krankheit ihre Jugend. Es ist ein wenig wie bei langjährigen Paarbeziehungen: Wenn ein Gefährte stirbt, empfindet es der andere als eine Ankündigung seines eigenen Todes.

Trotz allem nimmt die Depression im Verlauf der Sitzungen langsam ab. Weil Laetitia, das ehemalige kleine Mädchen, die Musterkranke, endlich ausdrücken kann, was sie erlebt und gefühlt hat. Sie, die sich nie beklagt hat, traut sich endlich, über Ängste, Zweifel und Kränkungen zu reden, und das nimmt nach und nach eine schwere Last von ihren Schultern. Zunächst stürzt sie sich auf die Ärzte und was sie von sich geben. Sind sich diese Leute ihrer Diagnose eigentlich wirklich immer sicher? Sie haben so oft ihren Therapieplan geändert, dass sie irgendwann das Vertrauen in sie und ihre Heilfähigkeiten verloren hat. Sie spricht auch über den Alltag und ihren Besuch der Klinikschule, der sie aufrechterhalten hat, vor allem dank einer Lehrerin, die sie immer für ihre Leistungen lobte. »Sie war die Einzige, die nichts vor mir verborgen hat, weil sie als Einzige überhaupt nicht über meine Krankheit gesprochen hat«, sagt sie. Alle anderen, Ärzte, Eltern, machten ein Staatsgeheimnis um den möglichen Verlauf ihrer Leukämie, bis sie schließlich alles anzweifelte, was sie ihr beteuerten.

Während sie ihre Erinnerungen ausgräbt, spüre ich hinter dem Schmerz ihre nach wie vor intakte Lebenskraft. In den Ferien auf Korsika hat einer ihrer Cousins, ein hübscher Junge, ihr den Hof gemacht, spielte Gitarre unter ihrem Fenster, immer nur drei Akkorde und ganz leise, um den Vater nicht auf den Plan zu rufen. Seine Küsse und Liebkosungen hatten eine überraschende Wirkung auf sie. »Es war eine fantastische Entdeckung für mich, dass jemand meinen kranken, bestrahlten Bluttransfusionenkörper begehrte«, erinnert sie sich. Sie wollte sogar noch weitergehen, doch der Cousin wollte nicht, »voller Panik vor meiner Regel, die durch die Chemo viel stärker war als normal«. Amüsiert nimmt sie meine Verlegenheit angesichts dieser intimen Äußerung zur Kenntnis und fragt spöttisch: »Haben Sie auch Angst vor der Regel?« Ich antworte nicht, weil mir sofort einer meiner Lehrmeister einfällt, Serge Lebovici, für den Angst vor der Menstruation ein Zeichen für männliche Homosexualität ist …

Schließlich kann sie auch über ihre Eltern reden, über ihre Mutter, die sie mit ihrer Fürsorge fast erstickte, ohne ihr jemals die Wahrheit zu sagen, und ihren distanzierteren Vater, den sie als bedrohlich empfindet, der aber gleichzeitig dafür sorgte, dass die Familie gut funktionierte. Je mehr sie reden kann über all ihre Widerstände, die Wirklichkeit so zu sehen, wie sie war, desto mehr verliert sie die Angst vor dem Tod. Auch die Zeit arbeitet für sie, indem sie ihr den Beweis dafür liefert, dass ihre Zweifel nicht gerechtfertigt sind und dass der Tod ihrer Freundin nicht der Vorbote ihres eigenen ist.

Viele Jahre später, in denen ich nichts mehr von Laetitia gehört habe, bekomme ich den Auftrag, eine Studie über Geschwisterbeziehungen zu machen. Ich habe die Idee, die beiden Brüder von Laetitia einzuladen, um festzustellen, welche Auswirkungen die Krankheit eines der Geschwister auf die beiden anderen hatte. Auf diese Weise erfahre ich die Geschichte der beiden Brüder und wie sie ihre Kindheit erlebt haben.

Der große Bruder, er ist vier Jahre älter als Laetitia, war ein hoch intelligentes, unproblematisches Kind. Der Kleine, der drei Jahre jünger ist als sie, litt – und leidet noch immer – an Amblyopie, einer starken Sehschwäche.

Nachdem bei Laetitia die Leukämie diagnostiziert wurde, kümmerte sich die Mutter nur noch um sie: Sie fuhr sie ins Krankenhaus, sprach mit den Ärzten, war bei den Behandlungen dabei und vieles mehr. Der Vater, ein Korse, wollte seine kranke Tochter dagegen überhaupt nicht besuchen, nicht einmal über sie reden. Man nennt diese Verhaltensweise Verleugnung. Verneinen heißt: »Ich brauche nichts gegen die Krankheit zu tun, weil ich gar nicht krank bin.« Verleugnen heißt, so tun, als ob nichts wäre, als ob man nichts sähe. Die Verleugnung kommt im Zusammenhang mit geistigen, psychischen oder kognitiven Störungen häufiger vor als bei organischen Erkrankungen. Dennoch erlebe ich fast jeden Tag Eltern, die zum Beispiel nicht wollen, dass ihr Kind das Wort Krebs hört, obwohl sie selbst die Wahrheit genau kennen.

Die Verleugnung verdient es dennoch, verstanden und überdacht zu werden. Eltern möchten immer, dass ihr Kind möglichst nahe an dem imaginären Kind ist, das sie sich gewünscht haben. Das durch Krankheit oder Behinderung beeinträchtigte Kind entspricht nicht mehr diesem imaginären. Die Verleugnung ersetzt gewissermaßen das reale Kind, indem sie ein Bild des gewünschten Kindes liefert.

Man sieht es gut in diesem Fall: Laetitia wurde langwierigen Chemotherapien unterzogen, doch der Vater tat so, als wäre nichts. Im Gegenteil, er kümmerte sich umso intensiver um seinen jüngsten Sohn, richtete seine Erziehung ganz darauf, dass er lernt, sich zu wehren, um trotz seiner Sehbehinderung einen Platz in der Gesellschaft behaupten zu können, und nahm ihn auf lange Wildschweinjagden mit. Er tat das nicht, weil er ihn mehr liebte als seine Tochter, sondern weil er mit ihm seine Vaterrolle uneingeschränkt ausleben konnte. Bei Laetitia war er von Ärzten und ihren Diagnosen abhängig, die seine väterliche Macht beschnitten. Der Kleine hat es also gewissermaßen seiner Amblyopie zu verdanken, dass er in seiner Kindheit nicht unter der Krankheit seiner Schwester zu leiden hatte.

Dem Ältesten dagegen erging es ganz anders: Wie als Antwort auf die Leukämie von Laetitia wurde der bis dahin so gute Schüler plötzlich schlecht in der Schule, was durchaus einen Sinn ergibt. Er sabotierte die Schule, um sich für seine Eltern attraktiv und interessant zu machen, wenn auch auf konflikthafte Weise. Weil sie sich nur noch um Schwester und Bruder kümmerten und er selbst nicht krank werden konnte, wie er es sich insgeheim wünschte, legte er sich Schulprobleme zu, um auf sich aufmerksam zu machen. Offenbar funktionierte seine Strategie, und er bekam, was er wollte, denn er wurde recht bald wieder ein ebenso guter Schüler wie zuvor.

Sich zu wünschen, an Stelle der Schwester krank zu sein, ist keineswegs ein Zeichen für Großmut. Man möchte krank sein, weil man sich allmächtig genug fühlt, um eine Krankheit zu besiegen, die der andere nicht besiegen kann. »Sie hat Leukämie, ich möchte Leukämie haben; sie wird sterben, ich werde gesund; ich bin der Held, sie ist im Grunde nichts, sie hat es, weil sie es verdient …« Da es aber furchtbar ist, solche Gedanken zu hegen, richtete der Junge den Todeswunsch gegen sich selbst. Es erschien ihm als das einzige Mittel, das schreckliche Schuldgefühl loszuwerden, das ihm seine unsäglichen Ideen einflößten. Da Laetitia als der Star der Familie erschien, der Star, zu dem man nett sein musste, nach dem man ständig sehen musste, erlebte der Junge diese Jahre in tiefster Einsamkeit. Er fühlte sich im Stich gelassen von seinen Eltern, die auch noch von ihm verlangten zu verstehen, dass sie sich nicht um ihn kümmern konnten. Es ist eine Botschaft, die kein Kind der Welt verstehen oder akzeptieren könnte.

Andererseits: Was wäre natürlicher als Eltern, die sich unablässig um ihr krankes Kind sorgen? Diese Sorge entspringt zum einen sicherlich der Furcht vor der Zukunft und dem Krankheitsverlauf, man kann ihr aber auch noch andere Bedeutungen geben: Wenn dieses Kind nicht krank geworden wäre, wäre mit Sicherheit etwas Großartiges aus ihm geworden, genau wie man sich das gewünscht hat. Es wäre das ideale Kind gewesen, das man in Wirklichkeit nie haben kann. Auf diese Weise konnten die Eltern dank der Krankheit Traum und Traumvorstellung bewahren. Man liebt ein Kind, auch wenn es in Wirklichkeit nie so wundervoll ist, wie man es sich ausgedacht hat. Es gibt sogar Momente, in denen man es am liebsten auf den Mond schießen würde. Wenn man es jedoch nur selten sieht, fängt man an, es zu glorifizieren, und erinnert sich vor allem an seine guten Seiten. Wenn es für immer verschwindet, verschmilzt es endgültig mit dem Idealbild.

Laetitia überstand ihre Leukämie ohne weitere Schmerzen, außer den – vollkommen ausreichenden – Schmerzen der verschiedenen Behandlungen und der Furcht. Ihre Mutter kümmerte sich beständig um sie. Und selbst ihr Vater, der sich überhaupt nicht um sie kümmerte, bewies ihr, dass er sie liebte. Sie sagte sich: »Papa will nicht hören, dass ich krank bin, er will nicht, dass ich sterbe, das wäre unerträglich für ihn.« Es war ein Liebesbeweis, der ihr Kraft für ihren Kampf gab. Im Grunde waren die elterlichen Rollen genau gegeneinander abgegrenzt: der wenig präsente, aber starke und beständige Vater und die aufmerksame, liebevolle Mutter, die immer da ist.

Man muss wissen, dass Kinder von Krankheiten eine ganz besondere Vorstellung haben. Ein Erwachsener, bei dem Lungenkrebs diagnostiziert wird, macht sofort das Rauchen oder eine ungesunde Lebensweise dafür verantwortlich. Ein Kind glaubt dagegen, die Krankheit sei eine Art Bestrafung dafür, dass es böse war, dass es böse Gedanken gegen seine Eltern oder Geschwister hatte. So erklärt sich auch die Neigung von Kindern, alles wie eine gerechte Strafe hinzunehmen, ohne sich aufzulehnen. Kinder sind im Allgemeinen gute Patienten, resigniert, ein wenig passiv, sowohl im Hinblick auf Behandlungen als auch auf körperlichen Schmerz. Sie klagen kaum, manchmal überhaupt nicht. Wenn ein Erwachsener schon längst Morphium verlangt, leidet ein Kind, ohne etwas zu sagen.

Aus diesem Grund dachte man auch lange Zeit, dass die Kleinen keinen Schmerz empfinden.

Ein Kind zieht aus seiner Krankheit, an der es sich selbst die Schuld gibt, sekundäre Gewinne: die permanente Aufmerksamkeit der Eltern und des Klinikpersonals, die sich noch verstärkt, sobald der kleine Patient einer revolutionären Therapie oder einem besonders seltenen Eingriff unterzogen wird. In diesem Fall betrachtet es die Krankheit nicht mehr als Risiko, sondern erlebt sie wahrhaftig wie eine zweite Geburt.

Nicht zuletzt ist Krankheit bei einem Kind organisiert wie ein Kenntnisgewinn. Es bringt ihr dieselbe Neugier entgegen wie vielleicht Mathe, Sachkunde oder Musik in der Schule, und das schützt es ein wenig vor der Furcht. Es ist übrigens frappierend, wie gut die jungen Kranken Bescheid wissen über Anatomie, Medikamente und alle Formen von Behandlung, die man ihnen angedeihen lässt.

Trotz allem hinterlässt die Krankheit Spuren, auch wenn sie unter den bestmöglichen Umständen durchlebt wird und am Ende vollständig besiegt ist. Laetitia ist inzwischen Kinderschwester auf einer onkologischen Station. Ihr älterer Bruder wurde Physiotherapeut. Man kann sich des Eindrucks nicht erwehren, dass hinter der Berufswahl der beiden so etwas wie ein Wille zur Wiedergutmachung steckt. Niemand lässt seine Kindheit vollständig hinter sich.

Medhi und sein krankes Bein

Einer meiner Freunde, seines Zeichens Chirurg und Kinderorthopäde, erzählt mir von einem seiner kleinen Patienten. Medhi, fünf Jahre, leidet an Osteomyelitis, einer Entzündung der Knochen und des Knochenmarks, die bei ihm das rechte Schienbein und Wadenbein befallen hat. Sein Unterschenkel ist deformiert und weist eitrige Läsionen und Risse auf. Er ist zehn Zentimeter kürzer als das gesunde linke Bein, so dass er überhaupt nicht auftreten kann.

Der Kleine ist Algerier. Er lebt in bescheidenen Verhältnissen in einer ländlichen Region seines Heimatlandes, wo es weder Antibiotika noch chirurgische oder allgemeine medizinische Behandlung gibt. Aus diesem Grund beschloss die Familie, ihn nach Marseille ins Krankenhaus zu bringen.

Nachdem er mir die Geschichte erzählt hat, weiht mich mein Freund in sein Dilemma ein: Entweder er behandelt die Läsion, wobei angesichts des Zustands des Beines, das wenig Chancen auf vollständige Gesundung hat, nur mit mäßigen Ergebnissen zu rechnen ist. Medhi müsste in diesem Fall mehrere Operationen über sich ergehen lassen und rund ein Jahr bei ihm bleiben: eine schwierige Situation, da seine Eltern weder bei ihm bleiben noch ihn aus der Ferne unterstützen können. Oder aber er amputiert das kranke Bein, dann könnte der Junge nach einem Monat zu seiner Familie zurückkehren. Natürlich samt angepasster Prothese.

Mein Freund ist der Auffassung, dass es meine Aufgabe als Psychiater sei, eine Entscheidung zu treffen. Eine diffizile Angelegenheit für jemanden, der das Wort Amputation meist nur im übertragenen Sinne verwendet.

Um entscheiden zu können, muss ich natürlich erst mit Medhi reden, mit Hilfe eines Dolmetschers, denn weder spricht er Französisch, noch kann ich Arabisch. Der aufgeweckte kleine Junge nimmt gut Kontakt auf, stellt gleich eine offene Beziehung her und fängt sofort an, von seiner Familie zu erzählen, vor allem von seinem älteren Bruder. Er nehme ihn immer auf den Schultern über die Hügel zum Angeln mit an den Fluss. Ihre Zweisamkeit fehlt ihm. Medhi klagt auch über Schmerzen in seinem Bein, aber es macht ihm wenig aus, hier zu sein, denn hier soll er schließlich gesund werden.

Bei unserem dritten Gespräch malt mir der Junge eine äußerst aufschlussreiche Zeichnung: ein unbeholfener kleiner Bub mit einem kranken Bein, das viel länger ist als das andere. Anschließend bittet er mich um eine Schere und schneidet mit breitem Grinsen das störende Bein ab.

Als mich mein Freund, der Chirurg, schließlich fragt, welche Alternative nun vorzuziehen sei, erwidere ich nervös und voller innerer Unsicherheit: »Amputieren.« Um mich zu beruhigen, denke ich immer wieder an das Bild, an die enge Beziehung Medhis mit seinem Bruder,

der ihn unterstützen kann, und nicht zuletzt an seinen Wunsch, geheilt zu werden. Es ist in diesem Fall besser, ihn von dieser langwierigen chronischen Krankheit zu heilen, als ihn stattdessen einer langwierigen Behandlung zu unterziehen.

Mein Freund zieht meine Entscheidung nicht in Zweifel, was übrigens typisch für Chirurgen ist: Sie akzeptieren immer die Vorschläge der Psychiater, während andere Mediziner sie gerne immer wieder in Frage stellen. Als ob die präzise chirurgische Praxis jede Konkurrenz ausschlösse und die psychologische Indikation als der operativen gleichwertig betrachtet würde.

Am Tag des Eingriffs begleite ich Medhi zum Operationssaal. Ganz offensichtlich versteht er genau, was mit ihm geschieht. Dennoch fragt er voller Naivität: »Ist mein Bein dann nicht mehr krank, wenn es nachgewachsen ist?« Ich erkläre, dass man ihm ein künstliches Bein anlegen wird, das überhaupt nicht krank werden könne, und das scheint ihn aufs Höchste zu amüsieren.

Trotzdem lassen meine Schuldgefühle, die ich schon während der Operation verspüre, auch in den folgenden Tagen nicht nach. Und das aus gutem Grund: Medhi wirkt sehr traurig darüber, dass er sein Bein nicht mehr sieht, und klagt über heftige Schmerzen in dem abgenommenen Glied. Es ist, als ob die Erinnerung an den Schmerz die Läsionsschmerzen ersetzt hätte und sein Bein auf diese Weise weiterexistierte. Er scheint so zu leiden, dass er mehr Schmerzmittel verlangt als vor der OP. Zu allem Überfluss verweigert er jeden Kontakt mit mir, will mich weder sehen noch mit mir sprechen, was meine Schuldgefühle noch verstärkt.

Schließlich kehrt er heim nach Algerien und lässt mich voller Zweifel und Besorgnis zurück. Habe ich die richtige Entscheidung getroffen? Wie wird seine Amputation in der Familie aufgenommen werden, die an eine wundersame Heilung geglaubt hat? Wird ihn sein großer Bruder immer noch zum Angeln mitnehmen? Fragen dieser Art quälen mich noch eine ganze Weile.

Zehn Jahre später kommt ein gut aussehender junger Mann zu mir in die Sprechstunde. Mit einem Lächeln klopft er auf sein künstliches Bein, blickt mir direkt in die Augen und sagt in einwandfreiem Französisch: »Erinnerst du dich?«

Ich bin sofort alarmiert, und die ganze Geschichte fällt mir wieder ein. Ich richte mich darauf ein, Kritik, Aggression, Vorwürfe, Groll von ihm zu empfangen … Stattdessen versichert er mir, bevor ich überhaupt etwas sagen kann: »Du hast das Richtige getan.« Nach einer Pause fügt er hinzu: »Ich wollte dir sagen, dass ich jetzt ganz alleine zum Angeln gehe.«

Diese Geschichte, die ich zu Beginn meiner beruflichen Laufbahn erlebt habe, scheint mir exemplarisch für die Probleme, auf die man trifft, wenn man Kinder und Jugendliche in der Chirurgie psychologisch diagnostiziert. Man kann sich seiner selbst und seiner Einschätzung nie sicher sein. Medhi selbst und sonst niemand hat mir Jahre später so etwas wie eine Bestätigung gegeben, dass ich mich damals nicht geirrt habe. Er hatte seine Bewegungsfreiheit wiedergefunden, und das schien ihm zu gefallen. Also gefiel es mir auch. Es ist der beste Beweis dafür, dass unsere Vorschläge nicht das Geringste bringen, wenn sie der Patient nicht mitträgt. Allein kann der Psychiater weder gut noch im Recht sein.

Kind und Somatisierung

Im ersten Kapitel ging es um physiologische Krankheiten bei Kindern, jetzt möchte ich mich mit Kindern beschäftigen, die mittels körperlicher Symptome ihre Angst zum Ausdruck bringen. Schon Säuglinge haben ein Kommunikationsmittel zur Verfügung: ihren Körper. Welche Sprache könnte deutlicher sein als die der Somatisierung? Alles kann betroffen sein: Motorik, Verdauung, Atmung und vieles mehr. Dank des Symptoms kann man sich nach und nach aus der Gruppe von Krankheitszeichen lösen, die für ein Syndrom charakteristisch sind, um zu einer Diagnose zu gelangen. Man darf sich trotz allem nicht allein auf die Somatisierung beschränken, um den Sinn des körperlichen Symptoms zu verstehen.

Heulboje und Hinkefuß

In den ersten Monaten meiner Tätigkeit in der Kinderpsychiatrie werden zwei kleine Mädchen praktisch zur gleichen Zeit hospitalisiert.

Lucie, acht Jahre, aufgrund eines Phonationsproblems: Sie stößt Schreie aus, ähnlich dem Jaulen eines verletzten Hundes. Die Untersuchung des HNO-Arztes hat keinerlei Anomalie im Hinblick auf die Stimmbänder zutage gefördert. Marine, neun Jahre, hat plötzlich angefangen zu hinken, ohne irgendeine Läsion oder Deformation aufzuweisen. Die beiden Fälle scheinen mir relativ einfach.

Lucie schreit und heult seit dem Tod ihres kleinen sechsjährigen Bruders. Vor ihren Augen fasste er an eine Hochspannungsleitung und starb mit einem Schrei. Lucie rührte sich nicht und sah brav zu, wie die Sanitäter kamen und den leblosen kleinen Körper vom Draht lösten. In den folgenden Wochen fing sie an zu heulen, wie um an den letzten Todesschrei ihres Bruders zu erinnern. Zwischen den beiden Kindern hatte eine ziemlich starke Geschwisterrivalität geherrscht. Von Geburt an hatten die Eltern den Jungen aufgrund seines Geschlechts vorgezogen – eine Verirrung, die immer noch erstaunlich häufig vorkommt –, und Lucie fühlte sich in den Hintergrund gedrängt, zumal das Baby von Beginn an die ganze Aufmerksamkeit der Eltern auf sich lenkte, weil es unter schweren Schlafstörungen litt. Erschwerend kam hinzu, dass die Eltern bei dieser zweiten Geburt heirateten, den Säugling auf dem Arm. Es war, als ob erst dieses Kind, viel mehr als Lucie, ihre Vereinigung als Paar symbolisierte. Lucie, die immer ein stilles und unproblematisches Kind gewesen war, hatte sich im Vorfeld sehr auf das Brüderchen gefreut, doch das bereute sie jetzt, weil sie sich der Liebe und Aufmerksamkeit ihrer Eltern beraubt fühlte.

Einmal hatte das Mädchen ihren Bruder sogar fallen lassen, woraufhin der Junge mit einer kleinen Beule ins Krankenhaus musste. Obwohl nichts wirklich Schlimmes passiert war, verstärkte diese Episode Lucies Schuldgefühle. Sie hatte das Gefühl, als ob das, was sie unabsichtlich getan hatte, ihren unbewussten Todeswunsch dem Brüderchen gegenüber offenbart hätte. Dass sie seinem tatsächlichen Tod untätig zugesehen hatte, war für sie, als hätte sie ihn ein zweites Mal fallen lassen. Und weil sie sich – wie übrigens alle Kinder hin und wieder – gewünscht hatte, ihr Bruder wäre tot, hatte sie das Gefühl, sie sei an allem schuld.

Als Spross einer kurzen Liaison hat die neunjährige Marine ihren Vater nie kennen gelernt. Kurz nach ihrer Geburt beschloss die Mutter, ein neues Leben anzufangen, allerdings ohne Kind. Sie vertraute die Kleine ihrer Mutter an und verschwand spurlos. Marine wird also von ihrer Großmutter aufgezogen.

Bei einem Überfall auf der Straße – jemand versucht, ihr die Tasche zu entreißen, doch sie lässt nicht los – erleidet diese einen Oberschenkelbruch. Sie muss ins Krankenhaus, um sich eine Hüftprothese einsetzen zu lassen. Energisch verwahrt sie sich dagegen, dass Marine zu ihrer Mutter kommt, zumal sie in der Zwischenzeit alles getan hat, um die elterliche Autorität ihrer Tochter zu untergraben. Ohne dies zu berücksichtigen, bemühen sich die Sozialarbeiter zunächst hartnäckig, die augenscheinlich brüchige Bindung zwischen Marine und ihrer Mutter wiederherzustellen. Damit stürzen sie die Großmutter in einen Zustand der Depression. Sie steckt voller Vorurteile und hat das Gefühl, Opfer einer Verschwörung zu werden. Man darf sich an dieser Stelle durchaus fragen, warum mit allen Mitteln versucht wird, eine Bindung zu erneuern, die offensichtlich zerstört ist. Repariert man vielleicht ein Boot, indem man Wrackteile einsetzt? Es ist sicherlich auch über die Sozialarbeiter und ihren persönlichen Background nachzudenken. Vielleicht haben sie selbst ungelöste Familienkonflikte, die sie auf ihre Fälle projizieren.

Weil die Großmutter trotz allem auf den OP-Tisch muss, kommt Marine am Ende vorübergehend in ein Heim. Eine Pflegefamilie lehnte sie ab mit dem Argument: »Meine Familie ist meine Großmutter.« Direkt nach der Unterbringung beginnt sie zu hinken – um nicht allein gelassen zu werden und um sich nach außen hin sichtbar mit der Frau zu identifizieren, die sie als ihre wahre Mutter betrachtet. Es ist, als hoffte sie, ebenfalls hospitalisiert zu werden, wenn sie die gleichen Symptome aufweist wie ihre Großmutter. Warum übrigens denkt bislang niemand darüber nach, Kinder mit aufzunehmen, wenn ihre Eltern sich einer stationären Behandlung unterziehen? Der umgekehrte Fall wird mehr und mehr praktiziert, doch die Mitaufnahme und -versorgung von Kindern muss sich erst noch durchsetzen.

Da sie meiner Ansicht nach an der gleichen Krankheit leiden, beschließe ich spontan, die beiden Mädchen zusammenzubringen. Es ist eine übliche Vorgehensweise in der Therapie: In Gruppen stützen sich die Patienten gegenseitig, sozusagen kotherapeutisch, weil sie verstehen, dass sie in ihrem Leiden und ihrer Verunsicherung nicht allein sind.

Ich sage also zu den Kindern: »Lucie und Marine, ich möchte euch gerne zusammen sehen. Es gibt keine medizinische Erklärung für euren Zustand, ich denke jedoch, dass ich verstanden habe, was mit euch passiert. Du, Lucie, heulst in Erinnerung an dein totes Brüderchen. Du somatisierst, das heißt, du drückst mit Hilfe deines Körpers und deiner Stimme den Schmerz über den Verlust deines Bruders aus. Und du, Marine, du hinkst, um deiner Oma ähnlich zu sein, weil du von ihr nicht genauso im Stich gelassen werden willst wie von deinen Eltern.«

Die Begegnung findet an einem Samstagmorgen statt. Anschließend fahre ich über das Wochenende ins Var.

Als ich am Montag wieder in die Klinik komme, bedeutet mir die junge Frau am Empfang, dass mich der Chef sofort sehen will. Ich eile in die elfte Etage, wo sich derselbe vor versammelter Mannschaft – Mediziner, Assistenzärzte, Krankenschwestern – auf mich stürzt, um mich fest und lang in die Arme zu schließen. Leicht verdutzt lasse ich die Attacke über mich ergehen, wobei ich mich insgeheim frage, was das merkwürdige Verhalten dieses Mannes, für den ich den größten Respekt hege, zu bedeuten hat…

Endlich löst er seine Umklammerung und verkündet laut: »Das ist mir ein echter Kinderpsychiater! Lucie heult nicht mehr, und Marine hat aufgehört zu hinken.«

Statt mich zu erfreuen, beunruhigt mich diese Mitteilung: Wie ist es möglich, dass ich im Handumdrehen zwei Kinder geheilt haben soll, die in ihrem Unbewussten und ihren Ängsten zutiefst getroffen sind?

Der Lauf der Ereignisse gibt mir denn auch leider Recht. Einige Tage später fängt Lucie an zu hinken, und Marine heult!

Dieser Symptomtausch zwischen den beiden Mädchen ist absolut außergewöhnlich, auch wenn es in Krankenhäusern häufiger vorkommt, dass Jugendliche gegenseitig ihre Symptome übernehmen. Man spricht dabei von Kontamination.

Obwohl der Tausch nur von kurzer Dauer ist, hilft er mir, den psychologischen Mechanismus der Verschiebung zu verstehen, der bei den Mädchen zu beobachten ist. »Heulboje« Lucie hat eine leicht hysterische Persönlichkeitsstruktur und zieht gerne die Aufmerksamkeit auf sich. »Hinkefuß« Marine hat sich von dieser Hysterie mitreißen lassen, so wie alle Kinder, die Ticks und Ausdrucksformen ihrer kleinen Freunde aufschnappen.

Die Geschichte beweist anschaulich, dass eine schnelle Unterdrückung des Symptoms meistens nur eine Verschiebung nach sich zieht. Das Symptom wird durch ein anderes ersetzt. Seine Beseitigung allein lässt den Schmerz nicht verschwinden, weil er durch ein psychisches Leiden hervorgerufen wurde. Man darf nicht das Symptom ausmerzen, sondern muss mit dem Patienten gemeinsam vorgehen, um die seelische Belastung zu lindern, die es ausgelöst hat.

Deshalb war ich anfangs so wütend angesichts der spektakulären »Heilung« von Lucie und Marine. Wütend auf mich selbst und meinen Ehrgeiz, um jeden Preis heilen zu wollen, obwohl schon Freud sagt, dass die Heilung von selbst komme.

Die Mädchen wurden noch eine Weile intensiv beobachtet. Lucie geht es sehr gut, sie studiert inzwischen Mathematik. Marine ist Krankenschwester geworden – was sonst, möchte ich fast sagen, denn schon als kleines Mädchen wollte sie unbedingt ihre Großmutter heilen. Da sie inzwischen volljährig ist, ist sie die Sozialarbeiter los und kann frei wählen, mit wem sie leben will. Und so wohnt sie immer noch bei ihrer Großmutter, die ihre melancholische Depression vollständig überwunden hat.

Die Luft zum Leben

Audrey ist sechs Jahre alt. Vor der Sitzung möchte mich ihre Mutter allein sprechen. Ihr Mann ist ertrunken, doch sie hat ihrer Tochter nie die Wahrheit über seinen Tod erzählt.

Mir erzählt sie die Geschichte so: Ihr Mann und sie hatten ein Zodiac-Schlauchboot gekauft, das sie bei einem Ausflug nach Port-Miou einweihen wollten. Die herrliche Bucht mit ihren weißen, steil abfallenden Felsen, dem schönen Pinienwald und dem weit ins Meer hinausragenden Kap bietet dem Mistral eine offene Angriffsfläche. Just bei ihrem ersten Ausflug aufs Meer bricht der mörderische Wind los. Als sie umkehren und ans Ufer zurückfahren wollen, fällt der Motor aus. Sie versuchen alles Mögliche, um ihn wieder in Gang zu setzen, doch vergeblich. Als sie sich über Bord lehnen, um ihn näher in Augenschein zu nehmen, kentert das Boot. Im Fallen stößt der Mann an den Motor, der ihn heftig in die Rippen trifft. Später wurde eine Verletzung des Brustfells diagnostiziert. Unter dem Schock des Aufpralls und des Schmerzes bleibt ihm die Luft weg, und er kann nicht mehr schwimmen. Natürlich stützt ihn seine Frau, zieht ihn weiter und versucht, ihn ans Ufer zu bringen. Doch irgendwann gerät auch sie in Atemnot. Am Ende ihrer

Kräfte lässt sie ihn schließlich los, um sich selbst zu retten.

»Was hätte ich denn tun sollen?«, fragt sie mich. »Meine Tochter zur Vollwaisen machen, indem ich mit ihm ertrinke, oder mich retten, um bei ihr zu bleiben?«

Sicherlich war es für sie zu schmerzlich, Audrey die wahren Todesumstände ihres Vaters zu offenbaren, so dass sie ihr stattdessen erzählte, er sei schwer verletzt worden und später bei der Reanimation gestorben.

Die Frau ist auf Anraten eines Allgemeinmediziners zu mir gekommen, weil Audrey allabendlich Atemnot bekommt. Sie sagt, sie bekomme keine Luft, und es fällt ihr sichtlich schwer zu atmen. Dabei weist sie keinerlei Lungenläsionen oder sonstige Symptome für Asthma auf. Zweiter Grund für den Gang zum Psychiater: Das Mädchen kann sich nicht von seiner Mutter lösen, sie hängt an ihr wie eine Klette, unfähig, sich auch nur ein paar Augenblicke von ihr zu trennen. Sie weigert sich, zu einer Tante oder Freundin zu gehen und wird übertrieben unruhig, wenn ihre Mutter sie einmal ein paar Minuten zu spät von der Schule abholt, ja sogar wenn sie ihrer Ansicht nach zu lange telefoniert.

Für den Psychiater ist diese Geschichte sonnenklar. So verrückt und unglaublich es klingen mag: Obwohl Audrey die Wahrheit über den Tod des Vaters nicht kennt, zeigt sie wie er Erstickungsmerkmale. Es ist, als ob sie die Schuldgefühle ihrer Mutter auf die Spitze treiben wolle, die sich ohnehin schon verantwortlich für den Tod des Ehemannes fühlt. Das Mädchen somatisiert mit ihrem Körper die Angst ihrer Mutter, die sie ihr verheimlicht, die sie aber dennoch spürt. Erinnern wir uns, dass ein Symptom nie zufällig erscheint; es steht immer im Zusammenhang mit einem inneren psychischen Geschehen oder einem äußeren traumatischen Erlebnis. Es tritt auf, wenn das Subjekt mit seinem Verstehen in eine Sackgasse gerät, um dem einen Sinn zu geben, was sich auf psychischer Ebene nicht ausdrücken lässt. Die Psyche lindert die Angst, indem sie ein Symptom schafft, wie ein Wahn, der den Kranken schützt, wenn seine Welt im Einstürzen begriffen ist. Das Symptom schützt also den Ängstlichen vor etwas, das er mental oder psychisch nicht mehr verarbeiten kann. Da es sich um einen Schutzmechanismus handelt, darf man diese Angst nicht um jeden Preis bekämpfen, sonst steht der Patient am Ende wehrlos und ungeschützt da. In diesem Fall sind sich – wie so oft – Psychiatrie und Medizin jedoch uneins: Der Arzt diagnostiziert das Symptom und bemüht sich, es auszumerzen. Der Psychiater dagegen orientiert sich nur daran und versucht, ihm einen Sinn zu geben, damit das Subjekt es nicht mehr braucht. Wenn es eine Heilung gibt, so geschieht sie durch die Deutung und nicht durch die Bekämpfung der Symptome.

Auch wenn das für mich alles sehr einleuchtend scheint, ist die Heilung deshalb noch lange nicht garantiert. Audrey selbst muss die Zusammenhänge verstehen. Die Psyche zu interpretieren ist wunderbar, doch für eine Heilung muss auch der Patient begreifen, warum er so und nicht anders reagiert. Und hier überschreiten wir die Grenzen der Deutung. Wenn wir dem Patienten sagen: »Du bist so oder du handelst so, weil dein Vater, weil deine Mutter ...«, dann zwingen wir ihm eine Interpretation auf, die etwa so einfühlsam ist wie das Skalpell eines Chirurgen. Also erkläre ich Audrey nicht: »Du atmest abends nicht mehr, weil deine Mutter sich schuldig fühlt.« Ich lasse lieber die Mutter vom Unfall erzählen und beschränke mich auf einen kurzen Kommentar: »Deine Mama hatte die Wahl, entweder selbst zu sterben, weil sie nicht mehr gegen den Mistral anschwimmen konnte, solange sie deinen Vater stützen musste, oder ihn ertrinken zu lassen, um bei dir zu bleiben.« Man kann hieraus lesen, dass in diesem Fall der Überlebens- und Mutterinstinkt die Aussicht auf den romantischen Tod mit dem geliebten Mann überlagert hat. Von diesem Zeitpunkt an hat Audrey keine Atemnot mehr vor dem Einschlafen und sagt, dass sie jetzt weniger an ihren Papa denke. Sie ist jetzt sicher, dass ihre Mutter sie bevorzugt, als ob es eine eigenartige Rivalität zwischen dem kleinen Mädchen und ihrem toten Vater gegeben hätte. Auch die Mutter ist erleichtert, denn Audreys Symptom hat sie ständig an die Tragödie erinnert.

Allerdings ist Audrey noch immer nicht von ihrer Mutter zu trennen. Da diese sich nach wie vor schuldig am Tod ihres Mannes fühlt, ist sie umso abhängiger von der Entwicklung und Zuneigung ihrer Tochter. Die aufgeweckte und bemerkenswert intelligente Kleine spürt das und schlägt genau in diese Kerbe. Sie klammert sich an ihre Mutter, als wolle sie sagen: »Du kannst mich nicht verlassen, du kannst mich nicht loslassen, wie du Papa losgelassen hast. Ich lasse dich nie los, ich klammere mich an dich, ich halte mich an dir fest, besser als Papa, der sich nicht halten konnte.« Diese extreme Anhänglichkeit ist sicherlich auf den gewaltsamen Tod des Vaters zurückzuführen sowie auf die Tatsache, dass die Mutter sich verpflichtet fühlt, beide Elternrollen zu übernehmen. Vielleicht gäbe es diese Rollenverschmelzung auch, wenn der Vater noch lebte. Doch da der Vater tot ist, tritt sie umso stärker zutage, zumal die äußeren Umstände danach verlangen. Audrey bestimmt kategorisch: »Ich will nicht, dass meine Mutter einen Freund hat. Aber ich habe zwei Verlobte.« Während sie sich selbst gleich zwei Männer zugesteht, verbietet sie ihrer Mutter sogar einen einzigen. Zwei imaginäre Wesen, die einerseits den verlorenen Vater repräsentieren und andererseits verhindern sollen, dass ein Dritter auftaucht, der ihr Stiefvater, aber auch der Gefährte ihrer Mutter sein würde. Wenn diese sich einen Mann nähme, könnte er für Audrey nichts anderes sein als ein bedrohlicher Rivale. Lebend, im Gegensatz zum Vater, dem sie »vorgezogen« worden ist, könnte er dessen Platz an der Seite der Mutter einnehmen, die daraufhin vielleicht ihre Tochter fallen lassen und ebenfalls in Lebensgefahr bringen würde.

Das Atmungsproblem ist verschwunden und anders als in vielen anderen Fällen ist bei Audrey keine Symptomverschiebung zu beobachten. Sie könnte anfangen zu husten oder zu zwinkern, Rippenschmerzen haben, doch nichts von alledem tritt ein. Dafür leidet sie unter starker Angst. Bislang hat sie ihr Atmungsproblem vor all den anderen normalen Ängsten der frühen Kindheit geschützt. In dieser Hinsicht ist das Symptom geradezu praktisch, denn es bündelt die Angst. Es ist leichter, Angst vor dem Ersticken zu haben, selbst wenn das schmerzhaft ist, als Angst vor überhaupt allem.

All diesen Ängsten wird sich Audrey nun stellen müssen, insbesondere der ausgeprägten Angst davor, allein gelassen zu werden, und das aus gutem Grund: In gewisser Weise hat ihr ihre Geschichte gezeigt, dass Eltern die Person buchstäblich fallen lassen können, die sie lieben. Warum also nicht auch ihr Kind? Sie müssen zugeben, dass diese Vorstellung nicht gerade beruhigend sein kann für ein kleines Mädchen! Für sie ist es eine übermächtige Angst, ja, mehr als das: eine fixierte Phobie, die sie daran hindert, sich von ihrer Mutter länger als ein paar Minuten zu entfernen.

Und doch lernt Audrey im Verlauf der Sitzungen, die im Übrigen eine harmonische und zufrieden stellende Entwicklung begleiten, sich von ihrer Mama zu lösen. Sie ist sogar bereit, allein zu mir zu kommen, was zuvor undenkbar gewesen wäre. Sie gewinnt an Sicherheit, lernt ihre Ängste zu beherrschen und gibt sogar zu, dass ihre beiden Verlobten erfunden waren, gleichwohl wünsche sie sich »einen echten« eines Tages.

Letzte Sitzung mit Audrey. Ich beginne mit oberflächlichem Geplauder: »Wie geht's dir? Und was macht die Schule?« Alles geht gut, sie reagiert, schaut in die Zukunft, macht Pläne. Dann spreche ich ein heikles Thema an: »Kannst du dich vorsichtig ein wenig mehr von deiner Mama lösen?« In diesem Augenblick spüre ich ihre Emotion, ihre Zerbrechlichkeit, also insistiere ich nicht, sondern gehe wieder zu harmloseren Fragen über. Ich möchte nicht in Bereiche vorstoßen, wo die Deutung schmerzt, ihre Wunden wieder aufreißen, auf ihrem Unglück herumreiten und sie in quälendem Schweigen leiden lassen. Es liegt mir nichts daran, sie noch zusätzlich zu deprimieren; eine Therapie, wie sie bei Depressionen angewendet wird, scheint mir in diesem Fall nicht angebracht. Sobald ich merke, dass ich ins Schwarze getroffen habe, biete ich sofort Möglichkeiten zu Ausflucht oder Themenwechsel, damit sie ihre Gedanken weiterverfolgen kann, statt in Tränen aufgelöst ihren Schmerz erneut durchleben zu müssen.

Als ich sie schließlich frage, ob es ihrer Mutter besser gehe, antwortet sie mit Ja, aber ihr Kinn fängt an zu zittern, und ihre Augen füllen sich mit Tränen. Ich zücke das einzige mir zur Verfügung stehende Heilmittel, ein Taschentuch – die ich stapelweise in meinen Schubladen lagere –, und erkläre ihr, dass mich ihre Reaktion überrascht: »Deiner Mama geht es besser, und du weinst; das kann nur bedeuten, du willst, dass die Dinge weiterhin nicht so gut laufen, damit ihr beide immer möglichst nahe an dem Unglück bleibt, das ihr erlebt habt.« Auch wenn die Bemerkung völlig überzogen ist, wirkt sie beruhigend auf sie, weil ich Worte und Erklärungen wie eine Decke über ihre Verzweiflung breite. Es ist, als öffne ich ihr eine Fluchttür. Es ist dies vielleicht einer der größten Unterschiede zwischen Erwachsenen- und Kinderpsychotherapie. Ein Erwachsener würde meine These und meine Deutung nicht akzeptieren, weil er seine eigenen Vorstellungen hat. Ein Kind, jedenfalls eines, das den Umgang mit Erwachsenen gewöhnt ist, fügt sich in das, was ich ihm sage, weil es spürt, dass ich ihm wohlwollend gesonnen bin, dass ich verstehen und erklären will. Es ist ein wenig so wie in der Schule, wenn man den Kindern gezielt Fragen stellt, damit sie das neue Wissen selbst entdecken: »Wenn es noch nicht klar ist, gebe ich dir noch zusätzliche Anhaltspunkte, bis du von selber draufkommst.« Das ist Pädagogik, und davon steckt auch in der Psychotherapie eine gute Portion. Ich helfe Audrey – und anderen –, einen Weg durch das Labyrinth ihrer Psyche zu finden. Ich zeige ihr Wege und Seitenstraßen auf, die sie betreten kann, aber nicht muss. In jedem Fall halte ich es für besser, einen Pfad mit Abzweigungen zu beschreiten als eine Straße, die unausweichlich schnurgerade auf das Bild des toten Vaters zuführt.

Ich denke nicht, dass ich Audrey heile. Vielmehr warte ich zusammen mit ihr, ich begleite sie, damit sie sich eines Tages von ihrem Symptom, ihrer Mutter und auch von mir trennen kann. In der Psychotherapie muss man der Zeit eine Chance geben. Bei Audrey weiß ich, dass Zeit meine Verbündete ist, so wie die Adoleszenz, die sie eines Tages von ihrer Mutter lösen wird, so dass sie ihr eigenes Leben leben und so weit wie möglich den tragisch ums Leben gekommenen Vater vergessen kann.

Im Augenblick befindet sie sich in der Latenzperiode. Sie macht das Leid der Mutter zu ihrer Angelegenheit: »Mama leidet, und da ich das kleine Mädchen bin, für das sie sich entschieden hat, muss ich perfekt sein. Perfekt in der Schule und perfekt im Unglück.« Vielleicht glaubt sie, dass sie nicht perfekt ist, solange sie nicht unter dem Tod des Vaters leidet. In gewisser Hinsicht zwingt sie sich dazu, dem Schmerz und der Wahl ihrer Mutter zu entsprechen.

Ich lasse sie in dem Bewusstsein ziehen, dass ihre Vergangenheit sie verseucht hat und sie irgendwie an ein Drama gekoppelt ist, das sie sich nicht so entwickeln lässt, wie ihre intellektuellen Fähigkeiten es zulassen würden. Doch angesichts ihrer Fortschritte in der Trennungsproblematik, und wenn sie auch noch so winzig sind, habe ich Vertrauen in ihre Zukunft.

Bei einem solchen Fall hätten einige meiner Kollegen einen völlig anderen Ansatz gewählt. Sie hätten die Mutter statt der Tochter behandelt, mit dem Argument, dass »die pathologische Trauer der Mutter eine Somatisierung bei der Tochter nach sich zieht«. Ich sehe das nicht so. Sicherlich wären die Dinge anders verlaufen, wenn die Mutter ihre Trauer besser organisiert hätte. Doch es handelt sich hier um eine furchtbare Trauer voller lähmender Schuldgefühle, die von der Tochter noch gespeist werden. Denn mit ihrer Trennungsangst bestärkt sie ihre Mutter nur in der Vorstellung, ihren Mann im Stich gelassen zu haben. Auch für sie ist ein neues Leben gleichbedeutend damit, Audrey fallen zu lassen, so wie sie deren Vater hat fallen lassen. In meinen Augen ist also Audrey diejenige, die ihrer Mutter die Chance bieten kann, wieder auf die Beine zu kommen. Das Problem liegt bei Audrey, nicht bei ihrer Mutter. Diese ist durch eine symbiotische Beziehung an ihre Tochter gefesselt. Da sie sich selbst die Schuld am Alleinsein gibt, weil sie ihren Mann im Wasser losgelassen hat, ist sie das Opfer ihrer Tochter, die sich an sie klammert. Der Indexpatient, das Subjekt, bei dem ich ansetze, ist für mich also Audrey. Ich weiß, dass die Mutter letztlich davon profitieren wird, wenn ich mich ausschließlich um die Tochter kümmere.

Elsas rätselhaftes Bauchweh

Elsa, drei Monate alt, wird von ihrem Kinderarzt zu mir geschickt aufgrund von idiopathischen Koliken. Idiopathisch bedeutet »ohne erkennbare Ursache«. Es handelt sich also um mutmaßliche Schmerzen des Säuglings, die sich durch Weinen, Magenkrämpfe, Bluthochdruck, wenn auch ohne Durchfall, äußern und auf Bauchweh schließen lassen, dessen Ursache man zu finden versucht.

Baby Elsa erleidet 12 bis 15 idiopathische Anfälle pro Tag. Sie weint, krümmt sich vor Schmerz und übergibt sich, am Tag wie in der Nacht. Voller Sorge ruft ihre Mutter schließlich den Kinderarzt. Da sämtliche Untersuchungen (rektales Abtasten, Scan des Bauchraumes und so weiter) keinerlei organische Verletzungen ergeben, muss von einem psychosomatischen Phänomen ausgegangen werden.

In höchster Besorgnis erzählt mir die Mutter ihre Geschichte. Vor drei Jahren wurde ihr kleiner Sohn, damals ebenfalls drei Monate alt, ins Krankenhaus gebracht, weil er sich ohne erkennbaren Grund erbrach. Dort erkrankte er an Blausucht und starb. Das Erbrechen war auf einen nicht erkannten Herzfehler zurückzuführen.

Eine Weile später ging die Mutter in ein Zentrum für die Erforschung und Aufbewahrung menschlicher Spermien, also eine Samenbank, und beantragte eine Samenspende. Ihr Antrag wurde abgelehnt. Schließlich lernte sie einen Tunesier kennen, mit dem sie eine Affäre begann. Ziemlich schnell blieb ihre Regel aus, wobei sie sagt, dass sie erst relativ spät bemerkte, dass sie schwanger war. Der Vater kam zur Geburt, um seine Tochter zu sehen, dann verschwand er auf Nimmerwiedersehen.

Was sie mir abschließend erzählt, wirft ein weiteres Licht auf ihre Geschichte: Auch Elsas Mutter hat ihren Vater nicht gekannt. Sie wurde von der Großmutter allein aufgezogen, die wiederum selbst ohne Vater aufwuchs. Die Großmutter weist depressive Neigungen auf, die sich mit Perioden der Anorexie und Melancholie abwechseln. Elsas Mutter hatte Medizin studieren wollen, doch am Tag der Aufnahmeprüfung beging ihre Mutter einen Selbstmordversuch. Sie musste auf das Studium verzichten und sich darauf beschränken, Krankenschwester zu werden. Diese Tätigkeit gab sie auf, als Elsa geboren wurde.

Die ersten unserer Gespräche sind von grundlegender Bedeutung. Elsas Verdauungssymptom versetzt diese Frau in die tragische Situation zurück, die sie mit ihrem ersten Kind erlebt hat. Der kleine Junge hatte eine über mehrere Generationen währende Matrilinearität unterbrochen. Die Trauer um dieses Baby war so unerträglich, dass sich die Mutter sofort ein neues Kind wünschte. Dass sie es von einem anonymen Spender haben wollte, hat aber noch einen weiteren Aspekt. Auf diese Weise negiert sie die Rolle des Vaters, um so die weibliche Ein-Eltern-Familie fortzuführen, als das einzige Modell, das sie kannte.

Elsas Ernährungsprobleme – sie erbricht alles, was sie zu sich nimmt – erinnern ihre Mutter an ihre eigene Kindheit und ihre Mutter, die hin und wieder Phasen hatte, in denen sie jede Nahrungsaufnahme verweigerte.

Was ich bis hierhin erfahren habe, genügt mir, um einen ersten Erklärungsversuch zu wagen. Es ist, wenn man so sagen kann, eine völlig natürliche Reaktion: Elsa hat ein Identifikationssymptom entwickelt, das sie mit dieser besonderen Familie verbindet. Sie isst nicht, wie ihre Großmutter, und durch ihr Erbrechen droht sie zu sterben wie ihr Brüderchen.

Ich sehe Elsa und ihre Mama fünfmal für jeweils zwei Stunden. Unsere Gespräche drehen sich zunehmend um die – ausgezeichneten – Fähigkeiten des kleinen Mädchens und seine Entwicklung. Bereits ab der ersten Sitzung hören die idiopathischen Koliken auf.

Wir sind hier in einem Bereich gelandet, der sich jeder Rationalität entzieht: der Interaktion zwischen Mutter und Säugling. Augenscheinlich – zumindest für uns aus der Sekte der Psychotherapeuten – somatisiert Elsa auf geradezu magische Weise die Angst ihrer Mutter. Sie drückt mit ihrem Körper aus, was sie nicht in Worte fassen kann.

Um zu verstehen, was hier vor sich geht, muss man sich in Erinnerung rufen, dass sich das Baby von Geburt an in einem Zustand befindet, der als verschmelzende Objektbeziehung bezeichnet wird: Es ist gleichzeitig Mutter, Vater, das Zimmer, in dem sie sich befinden, und das Milchfläschchen, aus dem es trinkt. Stück für Stück macht es zahlreiche kleine Errungenschaften, die es in ein Stadium überführen, in dem es sich als von den anderen unterschiedlich empfindet; es wird vom Objekt zum Subjekt. Um so weit zu kommen, lauert das Baby auf alle Informationen, die ihm die äußere Welt gibt. Es bemerkt alle Unebenheiten und Absonderlichkeiten seiner Umgebung. An sie klammert es sich, ohne sich darum zu scheren, ob sie gut oder weniger gut sind. Als Mutter oder Vater kann man nicht filtern und nur das Gute weitergeben. Das Baby saugt von uns das auf, was am auffälligsten und authentischsten ist. So nimmt Elsa auch die Angst ihrer Mutter wahr, und da sie noch nicht analysieren kann, hält sie sie für die perfekte Art von Kommunikation und Interaktion. In gewisser Weise hat sie nicht einmal Unrecht: Dank ihrer idiopathischen Koliken zieht Elsa tatsächlich die Aufmerksamkeit ihrer Mama auf sich. Je mehr Bauchweh sie hat, je mehr sie schreit und weint, umso mehr nimmt ihre Mutter sie in die Arme und hätschelt sie. Also zieht sie einen Gewinn daraus, weil sie tatsächlich mehr mütterliche Informationen und Zuwendung bekommt. Solange dies aber der Fall ist, besteht die Gefahr, dass ihre Anfälle weitergehen. Und die Mutter läuft Gefahr, immer mehr zum Opfer ihrer Angst zu werden, die sie selbst übermittelt hat.

Bleibt eine Frage, die rational schwer zu beantworten ist: Durch welches Wunder konnte eine einzige Sitzung Elsas Koliken ein Ende setzen? Ich habe weder Baby noch Mutter behandelt, sondern das, was sich zwischen ihnen, was sich in der Begegnung dieses Babys mit dieser Mutter abspielt. Dank der Hypothesen der Entwicklungspsychologie – mit ihrem Begründer René Spitz und dem zurzeit bekanntesten Vertreter Terry Brazelton – weiß man, dass das Baby Kompetenzen hat, die es in der Interaktion mit Vater und Mutter zum Ausdruck bringt. Bestimmte Dinge, die vom Baby ausgehen, werden von der Mutter wahrgenommen, andere vom Vater. Umgekehrt erkennt auch das Baby gewisse Besonderheiten des Vaters oder der Mutter und reagiert auf sie. Wenn man zum Beispiel ein Baby auf die Arme nimmt, erkennt es, wem diese Arme gehören, und schmiegt sich mit dem Rücken auf bestimmte Weise an, je nachdem ob es sich um Mutter oder Vater handelt. Durch diesen so genannten tonischen Dialog bestätigt das Baby zunehmend deutlicher, dass es seine beiden Eltern erkennt. Ebenso erkennt es ihren Geruch: Wenn man ihm mehrere Wattebäusche mit Achselgerüchen hinhält, erkennt es in neun von zehn Fällen den Geruch der Mutter wieder und weist die anderen Gerüche von sich. Darüber hinaus kann es die Milch seiner Mutter von der Milch anderer Frauen unterscheiden. Auch ihre Stimme erkennt es; das zeigt es, indem es sie ansieht, indem es reagiert und auf seine Weise sein Interesse für diese Stimme zum Ausdruck bringt. So wird deutlich, dass das Baby von Anfang an einen Grundstock an Kompetenzen besitzt, an Mitteln zur Interaktion. Die Eltern nehmen sie wahr, und aus diesem Austausch entspringen Fortschritte in Sprache, Erkennen und Autonomie.

Man kann sich leicht vorstellen, welche Angst die Mutter empfindet angesichts ihrer kleinen, kranken Tochter, die sie schmerzlich an den Tod ihres ersten Kindes erinnert. Doch die Angst war bereits vorhanden, bevor es zu den idiopathischen Koliken kam.

Donald Winnicott behauptete, die Gefühle von Eltern gegenüber ihrem Neugeborenen bestünden zu sechzig Prozent aus Liebe und zu vierzig Prozent aus Hass. Warum? Weil die Geburt eines Babys zwar durchaus ein freudiges Ereignis ist, aber immer auch mit einem Trauerprozess verbunden ist, weil das reale Kind nie so ist wie das ideale, das man sich während der Schwangerschaft vorgestellt hat. Die Eltern erkennen, dass sie es so akzeptieren müssen, wie es ist. Es gibt aber auch noch eine subtilere Deutung: Das Kind bringt uns zu dem Baby zurück, das wir selbst gewesen sind. Mangels bewusster Erinnerungen sind wir gezwungen, uns auszumalen und zu projizieren, wie wir glauben, gewesen zu sein. Solche Geschichten können leider großen Schaden anrichten. Elsas Mutter beispielsweise sah sich selbst als Baby einer manisch-depressiven Mutter, als unfähiges Baby, weil es nicht in der Lage war, der Mutter ihre Labilität zu nehmen. Unbewusst erinnert sie sich also an ihre Schwachstellen und ihre Unfähigkeit, den Erwartungen ihrer Eltern, ja selbst denen der Großeltern zu entsprechen, und sie glaubt, bei ihrer Tochter die gleichen Unzulänglichkeiten, die gleichen Schwachstellen wahrzunehmen. So beobachte ich zum Beispiel in unseren Gesprächen bei ihr eine gewisse Aggressivität der Tochter gegenüber – kaum wahrnehmbar, aber bezeichnend für ihren Geisteszustand: Als das Baby einmal mit dem Tragegurt seines Strohkorbs spielt, reißt sie ihn ihm brutal aus der Hand. Ich nutze diese Gelegenheiten, um besonders auf die Fähigkeiten des Mädchens einzugehen, auf ihre Entwicklung und ihre Art, die Aufmerksamkeit der Mutter auf sich zu lenken.

Allein die Tatsache, dass die Geschichte in ihrer Anwesenheit erzählt wird, hat dafür gesorgt, dass Elsa ihre Symptome aufgab. Als ob ihr klar geworden wäre, dass sie sie nicht mehr benötigte, um die mütterliche Aufmerksamkeit zu erlangen. Ich glaube nicht, dass Elsa oder ein anderer Säugling mit drei Monaten versteht, was die Mutter erzählt, ob Positives oder Negatives, aber ich bin sicher, dass das Kind Ton, Rhythmus und Klangfarbe des Gesagten wahrnimmt.

Ich verstehe, wenn Sie sich über ein drei Monate altes Baby wundern, das Symptome aufgibt, ohne sie überhaupt verstanden zu haben. Elsa kann noch nicht einmal sprechen, und ich will Ihnen weismachen, dass sie durch Sprache geheilt wird! Freilich verhält sich die Sache ein wenig komplexer. Seit sie endlich über ihre Angst spricht, über die Angst vor einer tödlichen Krankheit wie der ihres ersten Kindes, wirkt die Mutter ruhiger. Sie ist weniger angespannt, weniger panisch, und das wirkt sich auf das Alltagsleben aus. Es ist also nicht der verbale Austausch, den wir vor Elsa führen, der sie heilt, sondern die wiedergefundene, andersartige Intimität zwischen ihrer Mutter und ihr. Niemand – außer er leidet an Größenwahn – würde übrigens denken, dass sich all das in den dreiviertelstündigen Sitzungen abspielt, auch wenn es drei pro Woche sind. Die Psychotherapie interessiert sich nur für das, was anschließend passiert, im Alltag, der durch Deutung und Psychologie wieder in Gang gebracht worden ist.

Ich schätze Elsas Somatisierung keineswegs pathologisch ein, sondern halte sie im Gegenteil für etwas ganz Normales. Das kleine kommunikationsfähige Wesen hat einen – wenn auch übertriebenen und etwas verzerrten – Weg gefunden, um die Beziehung mit seiner Mutter zu intensivieren. Als sich die besorgte Mama beruhigte – weil sich die Krankheit ihres kleinen Jungen nicht wiederholte, weil ihr Töchterchen keinerlei organische Schäden aufwies und weil ihr deren Fähigkeiten bewusst geworden waren –, konnte Elsa ihr System aufgeben und anders kommunizieren.

Man spricht hier von Mutter-Kind-Harmonie, das heißt, bei den Signalen, die Mutter und Kind gegenseitig aussenden, verhält es sich wie bei den Saiten einer Gitarre: Sie müssen richtig gestimmt sein, damit Wohlklang entsteht.

Am Ende der fünften Sitzung erklärte die Mutter von sich aus: »Das bringt jetzt nichts mehr. Elsa geht es gut, ich werde wieder anfangen zu arbeiten. Was halten Sie davon, wenn ich sie in eine Krippe gebe?« Selbstverständlich war ich dafür. Wenn sie wieder arbeitete, würde sie sich ein Stück mehr von ihrer mütterlichen Besorgnis entfernen, bevor sie zur Fixierung oder Verschiebung von Elsas Symptom führen konnte. Die Krippe bot der Kleinen wiederum die Chance, sich von ihrer Mutter zu lösen und andere Kontakte aufzunehmen, die zwar weniger privilegiert, dafür aber unerlässlich für ihren Individuationsprozess sein würden. Die Leiterin der Krippe hat uns übrigens mitgeteilt, dass sich der Neuankömmling gut entwickele und keine Symptome zeige.

Ich habe Elsa nie wieder gesehen, und sie hat auch keinen anderen Psychiater aufgesucht. Wahrscheinlich weiß sie nicht einmal, dass sie mit drei Monaten mehrmals bei mir war. Heute ist sie 18, hat einen kleinen Bruder, und ihre Mutter scheint in ihrem Beruf aufzugehen; das hat mir der Arzt anvertraut, der sie nach wie vor betreut. Schließlich interessiert uns außerordentlich, wie sich solch ungewöhnliche Fälle von Somatisierung weiterentwickeln.

Elsas Geschichte ist der Beweis dafür, dass man an den Erfolg von kurzfristigen Mutter-Säugling-Psychotherapien glauben muss. Auffällige, vorübergehende Symptome sind bei Säuglingen häufig zu finden. Am eklatantesten sind diejenigen, die besonders schnell und spektakulär aufhören.

Miesepeter mögen vielleicht einwenden: »Wenn es nicht so schlimm war, hätte es auch von allein aufgehört.« Eben nicht! Denn als die Mutter zum ersten Mal zu mir kam, war sie kurz davor, die kleine Elsa ins Krankenhaus zu bringen. Dort hätte sie, getrennt von ihrer Mama, munter weiter somatisiert, die Mutter hätte sich weiterhin geängstigt und so weiter und so fort. Der Gang zum Therapeuten hatte nicht nur eine heilsame, sondern auch eine präventive Wirkung, da Elsa sich niemals wieder in Behandlung begeben musste. Rechtzeitig zum Psychiater gehen ist eine Form der Prophylaxe!

Ich weise aber ausdrücklich darauf hin, dass ein Säugling, der mit einer organischen Missbildung oder einer organischen Erkrankung geboren wird, und ein somatisierendes Kind nichts gemein haben. Eine Stenose des

Pförtners ist keine somatische Konversion, das heißt, hier sind nicht seelische Ursachen für die körperlichen Symptome verantwortlich. Hier schafft ein frühzeitiger chirurgischer Eingriff Abhilfe, nach dem die Symptome augenblicklich aufhören. Idiopathische Koliken dagegen können weitergehen oder sich in Erbrechen, Unwohlsein und einen ganzen Katalog von körperlichen Konversionen verwandeln, die mit Angst zu tun haben.

In diesem Zusammenhang drängt sich die Frage nach den psychosomatischen Erkrankungen auf. Im Falle von Asthma bin ich zum Beispiel der Meinung, dass jemand schon eine körperliche Anfälligkeit dafür mitbringen muss, damit es psychosomatisch auftreten kann. Können psychische Störungen überhaupt organische Schäden hervorrufen? Mein Eindruck ist, dass die Psychosomatik Ausdruck eines organischen Potenzials ist, das nicht zum Tragen kommt, solange man keine Angst hat. In einer Familie mag die Anlage zu Asthma vorhanden sein, doch nicht alle Familienmitglieder leiden zwangsläufig daran. Damit eine Krankheit zum Ausbruch kommt, muss sozusagen der organische Nährboden da sein. Es ist jedenfalls falsch, zu denken, dass die Psyche allein in der Lage ist, eine Krankheit hervorzurufen.

Kind und Gesetz

Kinder sind soziale Wesen. Ihre Imagination muss oft familiäre Konflikte und tragische Lebensgeschichten verarbeiten. Auch in diesem Fall ermöglicht es die Deutung, Rahmen zu sprengen, sogar so unerschütterliche wie den gesetzlichen. Denn trotz allem sind auch Gesetze nicht unfehlbar.

Ein guter Kinderpsychiater ist nicht unbedingt ein guter Sachverständiger

Es geht um ein halbwüchsiges Mädchen, Tochter aus einer geschiedenen Ehe. Seit sie drei Jahre alt ist, lebt sie bei ihrer Mutter. Inzwischen ist sie dreizehn, und ihr Vater fordert das Sorgerecht für sie. Der Familienrichter möchte ein Gutachten von mir, bevor er seine Entscheidung trifft.

Als Erstes empfange ich den Vater, der Unternehmer ist und in einem Vorort von Marseille lebt. Er hat seine erste Frau verlassen wegen einer anderen, mit der er nun verheiratet ist und einen kleinen Sohn hat. Er sagt, er sei bereit, seine Tochter Clémence aufzunehmen; angesichts seiner sozialen Situation und ihres guten Verhältnisses könne er ihr ein sorgenfreies Leben bieten. Allerdings zeigt er sich pessimistisch, was die Reaktion seiner Exfrau angeht.

Anschließend kommen Mutter und Tochter zu mir. Die Mutter ist zurückhaltend und unscheinbar, sie arbeitet als Angestellte. Sie hat ihr Leben nach der Trennung nicht mehr in den Griff bekommen und scheint noch immer, viele Jahre danach, darunter zu leiden. Sie fürchtet, dass sich ihre Tochter nur von der materiellen Bequemlichkeit angezogen fühlt, und hält die ganze Sache für eine böswillige Machenschaft des Vaters.

Gleich zu Beginn unseres Gesprächs unter vier Augen

stülpt mir das Mädchen ihr Geheimnis über: »Ich will bei meinem Vater leben, aber wenn Sie das vor allen sagen, wird mir meine Mutter nie verzeihen.« Da sie mich von Anfang an ins Vertrauen zieht und ihren Wunsch offen ausspricht, kann ich im Grunde überhaupt kein Gutachten mehr machen. Aufgrund meiner Schweigepflicht darf ich nichts von dem verwenden, was Clémence mir gesagt hat. Ich sitze in der Klemme, also schreibe ich ein belangloses Standardgutachten ohne Empfehlung. Einige Zeit später rufe ich den Richter an, um ihn zu fragen, was er von meinem Schreiben hält. Peinliches Schweigen am anderen Ende der Leitung. Mir ist klar, dass ihm meine Stellungnahme praktisch nichts gebracht hat. Als ich das sage, stimmt er zu, woraufhin ich ihm erkläre, warum ich so neutral geblieben bin. Nachdem ich in meiner offiziellen Rolle als Experte sozusagen beschnitten worden bin, beschreite ich nun den kleinen Dienstweg und versuche einfach, den Richter zu beschwatzen, damit er eine für das Kind günstige Entscheidung trifft, ohne der Mutter zu schaden, die sich zweifellos durch diese richterliche Anordnung angegriffen fühlen wird.

Wir haben hier eine ganz alltägliche Situation nach einer Scheidung: Als Heranwachsende verspüren Kinder oft den Wunsch, einige Zeit bei dem Elternteil zu leben, der das Sorgerecht nicht bekommen hat. Es ist der ganz natürliche Wunsch zu sehen, wie es anderswo zugeht. Wenn beide Eltern die Trauer über den Verlust des jeweils anderen überwunden haben, verursacht er auch keine Probleme. Ist das bei einem aber nicht der Fall, gerät der Heranwachsende in eine Zwickmühle. Meist möchte er bei dem Schwächeren bleiben, der ihn mehr braucht.

In diesem Fall verhält es sich anders. Clémence fühlt sich zwar schuldig, weil sie den Komfort, den ihr der Vater bietet, dem ereignislosen und ein wenig tristen Leben vorzieht, das sie bei der Mutter hat, aber sie wagt es trotzdem zu äußern. Ich muss ihre Wahl respektieren, weil sie von großer Anständigkeit zeugt. Warum sollte man von Kindern verlangen, mit in der Misere auszuharren, bloß weil ein Erwachsener es aus persönlichen Gründen nicht geschafft hat, sich daraus zu befreien? Muss man unbedingt selber ertrinken, nur weil der andere auch ertrinkt?

Im Grunde entspringt Clémences Wunsch ihrem Überlebensinstinkt – allerdings verursacht ihr genau dieser Instinkt Schuldgefühle. Stellen Sie sich vor: Sie sind mit einem Flugzeug abgestürzt. Da Sie direkt am Ausgang sitzen, springen Sie zuerst, während andere bereits in Flammen stehen. Sie haben nicht gesagt: »Nach Ihnen, aber nein, ich bitte Sie …«

Bemerkenswert an Clémence ist, dass sie ihre Schuldgefühle durchdringt, um ihrer Zukunft eine Chance zu geben. Sie beschließt, dass sie das Recht darauf hat, glücklich zu sein, und sie entscheidet sich für den Weg, der ihr zum Erreichen dieses Ziels gangbarer erscheint, das heißt mit dem Elternteil, bei dem sie sich am meisten wohl fühlt, selbst wenn sie damit dem anderen Schmerz zufügt. Statt sich in Schuldgefühlen und Elend zu vergraben, traut sie sich, ihre Entscheidung offen zu sagen, und sucht auf diese Weise Unterstützung von Seiten Dritter. Aus diesem Grund ist sie in meinen Augen ein seltener und geradezu idealer Fall. In ihrer überwiegenden Mehrheit bleiben Scheidungskinder den Konflikten und der selbstzerstörerischen Identifikation mit dem schwächeren Elternteil verhaftet. Gefangen in einer Rolle, in der sie zweifach Verbündeter sein sollen, sowohl Akteur als auch Zuschauer sind, gelingt es ihnen nicht, ihren wahren Wunsch auszudrücken, der ihnen wie eine Überschreitung, ein Verrat erscheint: Sie hätten den Eindruck, einen Elternteil im Stich zu lassen.

Wahrscheinlich spürt Clémence, dass ihr Wunsch für ihre Mutter schwer zu verkraften sein wird. Hätte diese einen neuen Lebensgefährten, ein erfülltes und blühendes soziales Leben, könnte sie es vielleicht besser akzeptieren, auch wenn es trotzdem ein wenig wehtun würde. Doch so wird sich die Mutter isoliert von ihrer Tochter fühlen, die bei dem Mann leben will, der sie vor Jahren hat sitzen lassen. Es ist eine einschneidende Sache, die möglicherweise als schmerzliche Wiederholung erlebt werden kann.

Ich persönlich glaube, dass Kinder immer einen Elternteil vorziehen – ob geschieden oder nicht. Da sie aber nicht dumm sind, sagen sie das nicht offen. Manche mögen vielleicht sogar denken: »Du hast gut daran getan, dich zu trennen ...« Auf Clémence trifft das nicht zu. Sie respektiert weiterhin uneingeschränkt beide Elternteile. Sie empfindet Zuneigung für ihre Mutter, doch bei ihrem Vater fühlt sie sich besser aufgehoben.

In meiner Rolle als Helfer der Justiz habe ich also versagt, weil uns Clémence in gewisser Weise ihre allein getroffene Entscheidung aufgezwungen hat. Für das Verfahren bot meine Niederlage aber durchaus Vorteile: Ich erschien als verantwortlich für den Wohnsitzwechsel, den der Richter anordnete. Der Wille der Tochter kam nirgendwo zum Ausdruck. Ob mir die Mutter böse ist? Keine Ahnung, und um ehrlich zu sein, es ist mir auch egal. Wichtig ist, dass sie ihrer Tochter nicht böse ist. Diese hat uns am Jahrestag des Gutachtens eine Postkarte geschrieben: »Ich lebe bei meinem Vater, es geht mir gut, und ich sehe meine Mutter regelmäßig. Danke.«

Immer häufiger suchen Familienrichter bei Scheidungen und Sorgerechtsfällen Rat bei Kinderpsychiatern, um sich ein umfassenderes Bild von der Angelegenheit zu machen. Dazu kann man nur gratulieren. Kürzlich wurden bei einem schwierigen Prozess nicht weniger als vier Experten hinzugezogen. Auf diese Weise werden zweifellos gerechtere Entscheidungen im Interesse der Kinder getroffen.

Zweimal sexueller Missbrauch

Auf dringende Bitten eines Vaters hin empfange ich ein junges Mädchen, das von ihrem Stiefvater sexuell belästigt worden sein will. Mir gegenüber bekräftigt sie ihre Aussage; ich schlage vor, den Täter sofort anzuzeigen, wie das in solchen Fällen üblich ist. Doch der Vater, ein Rechtsanwalt, bremst meinen Eifer: »Warten Sie, ich möchte erst noch mit der Mutter sprechen, damit sie mit ihrem Mann reden kann.« Sein Vorschlag ist ungesetzlich: Der Jugendschutz schreibt vor, dass Missbräuche sofort gemeldet werden müssen, sobald sie bekannt geworden sind. Doch ich bin ein wenig vor den Kopf gestoßen und verlegen durch das offensichtliche Vergnügen, mit dem mir das junge Mädchen von den Berührungen des Mannes erzählt, unter der Dusche, im Bad, am Abend, wenn die Mutter nicht da ist. Also erkläre ich mich einverstanden, die Mutter und den Stiefvater zu empfangen und gegebenenfalls Tests zu machen, um die Persönlichkeit des jungen Opfers zu studieren. Allerdings kommt es gar nicht erst so weit. Noch am selben Nachmittag ruft mich die Stationspsychologin an und sagt mir, dass alles gar nicht wahr sei. Das Mädchen habe eine Fernsehsendung über Inzest gesehen und die ganze Geschichte erfunden, weil sie hoffte, dadurch die Aufmerksamkeit von ihren schlechten Zensuren abzulenken.

Die Geschichte klingt schockierend. Allerdings darf man nicht außer Acht lassen, dass erfundene Geschichten und Lügen zu den natürlichen Abwehrmechanismen von Jugendlichen gehören. Sie denken sich Angst und Terror aus, empfinden, empfangen und interpretieren Wünsche. Ein Kind oder Jugendlicher kann sich alles ausmalen, sogar Opfer von Inzest zu sein. Diese Erfindung kann zum Beispiel ein Hinweis auf Aggressivität gegenüber dem Stiefvater sein, der sich zwischen ihn/sie und die Mutter geschoben hat. Oder aber das junge Mädchen ist in ihn verliebt oder möchte testen, wie weit sein Interesse für sie geht. Es wäre höchste Zeit anzuerkennen, dass Kinder weder die perversen Polymorphen sind, als die der Heilige Augustinus sie beschrieben hat, noch die göttlichen Wesen Rousseaus. Meist sind sie ein wenig von beidem, nehmen sich von beiden Seiten etwas, ohne wirklich Heilige oder Monster zu sein.

Allerdings kann so eine Story verheerende Auswirkungen auf die Familie haben. Selbst wenn jeder weiß, dass die Geschichte erstunken und erlogen ist, beginnt doch der Zweifel zu nagen. Keiner wird dem Mädchen in Zukunft mehr unvoreingenommen glauben. Die Mutter wird ihren Lebensgefährten fürderhin voller Misstrauen betrachten: »Und wenn meine Tochter das alles erfunden hat, weil er ihr vielleicht durch zweideutiges Verhalten Anlass dazu gegeben hat?« Und der Stiefvater kann sich auch nicht besonders wohl fühlen mit diesem Mädchen, das ihm wahrscheinlich böse ist, und dieser Frau, die ihn hin und wieder schräg ansieht.

Die Jugendliche steht lange Zeit unter Beobachtung, zunächst von mir, später von anderen. Natürlich lenke ich sie von dieser Inzestgeschichte ab, denn wenn ich mich weiter damit beschäftigen würde, liefe sie Gefahr, sich darauf zu fixieren. Ihre Lüge würde für sie wahr werden. Wer kann schon sagen, ob Erinnerungen wirklich wahr sind oder nicht?

Die Therapie ist schwierig. Ihre Persönlichkeitsstruktur ist hysterisch, das heißt, sie hat ein erotisiertes Schema der Umwelt, das sie auf alle Bereiche des Lebens überträgt, sie bekommt Schwindelanfälle, verliert das Bewusstsein, behauptet, dass ihre Lehrer böse auf sie und ihre Freundinnen nicht nett zu ihr seien, liebt einen Jungen, der sie zurückweist, hat dafür sexuelle Kontakte zu einem anderen, den sie nicht liebt. Kurzum, sie befindet sich in einem Zustand ständiger Extraversion und provoziert alle Welt, um Aufmerksamkeit auf sich zu lenken. Mehr als die eigenen Gefühle zählt für sie die Wirkung, die sie erzielt.

Eines Tages kommt ein anderes kleines Mädchen in mein Büro, in Begleitung von Vater und Mutter. Zwei Sommer hintereinander soll sie vom besten Freund des Großvaters väterlicherseits sexuell belästigt worden sein.

Sie hat mit ihren Eltern darüber gesprochen. Der Vater beschränkt sich darauf, für den Täter psychiatrische Behandlung zu fordern. Nicht dass er die Worte seiner Tochter in Zweifel zieht, nein, aber ihn verbindet viel mit dem Mann: Er war der beste Freund seines verstorbenen Vaters; auch er hatte einen Sohn, mit dem er wiederum eng befreundet war und der ebenfalls nicht mehr lebt.

Das Mädchen geht in die dritte Klasse der Grundschule. Sie ist intelligent, hat eine gut entwickelte Sprache und bestätigt, was ihre Eltern sagen. Im Gegensatz zum vorherigen Fall macht es ihr keinen Spaß, die Fakten zu erzählen, ein eindeutiges pathognomonisches* Indiz: Das geschändete Kind ist immer unglücklich, Opfer von Missbrauch zu sein, es fällt ihm schwer zu erzählen, was passiert ist, es leidet. Ich schlage vor, die Angelegenheit sofort beim stellvertretenden Staatsanwalt anzuzeigen, damit auf der Grundlage der Aussage der Kleinen gegen den Täter ermittelt wird.

Der Vater wirkt überrascht. Die Mutter jedoch unterstützt meinen Vorschlag, indem sie zu ihrem Mann sagt: »Siehst du, das hätten wir gleich tun sollen.« Das kleine Mädchen hört aufmerksam zu, während ich das Prozedere erkläre. Alle sind sich am Ende einig, dass ein Verfahren angestrengt werden soll.

Kaum ist die Familie draußen, kommt das Mädchen allein noch einmal zurück.

»Darf ich dir einen Kuss geben?«

»Ja sicher, aber warum?«

»Weil ich bis eben gedacht habe, ich sei schuld.«

Ich habe sie nie wieder gesehen. Aber ich habe über mehrere Ecken gehört, dass es ihr gut geht.

Der therapeutische Akt an dieser Geschichte ist die Bestrafung des Täters. Die Bestrafung des Peinigers schützt das Opfer und vermittelt ihm die Gewissheit, dass es kei-

* Für eine Krankheit charakteristisch, für die Diagnose ausreichend. Anm. d. Ü.

ne Schuld an den Missbräuchen trägt. Wird der Täter nicht belangt, hält sich das missbrauchte Kind für einen Lügner oder gar einen Mittäter. Erst durch Untersuchung, Verurteilung und Inhaftierung werden sein Schmerz und sein Opferstatus wirklich anerkannt. Die Justiz basiert auf dem Gedanken, dass das Opfer von der Gesellschaft verteidigt wird. Ihre Aufgabe ist es, uns zu schützen, wenn uns Schaden zugefügt und unsere Unversehrtheit angetastet wurde.

Durch meinen Vorschlag habe ich die Eltern wieder in die Rolle der Verteidiger ihres Kindes versetzt, während sie sich bis dahin eher wie Komplizen des Kinderschänders verhielten.

Bei Inzest und Kindesmissbrauch sind zwei wichtige Aspekte zu beachten. Der erste wird oftmals unter den Teppich gekehrt, weil er nicht gern gehört wird und für Verwirrung sorgt: Es kommt gelegentlich vor, dass Kinder an der Erotisierung der Beziehung zu Erwachsenen beteiligt sind. Der zweite wird gemeinhin anerkannt: Das Kind fühlt sich als Sexualobjekt eines Erwachsenen, dessen Autorität es nicht in Frage stellt. Es ist verheerend, sich von jemandem, der stärker ist und die Macht hat, »verdinglicht« zu fühlen. Das zweite kleine Mädchen fühlte sich schuldig, weil sie einem Erwachsenen vertraut hat, der sie verriet und der ihr Handlungen aufzwang, die sie nicht wollte.

Die beiden Fälle zeigen, dass man immer sehr aufmerksam darauf hören soll, was Kinder erzählen, ihre Worte aber auch nicht auf die Goldwaage legen darf. Eltern sind gut beraten, wenn sie sich zwischen Verständnis und nüchternem Misstrauen bewegen. Zuhören, nachfragen, verifizieren: Ein offenes Gespräch ist unerlässlich. Den Täter anzuzeigen heißt noch nicht, dass er verurteilt wird, zeigt aber, dass man die Worte des Kindes ernst nimmt.

»Ich habe meinen Sohn getötet«

Ein düsterer, vierschrötiger Mann kommt zu mir, der unverhohlene Gewalttätigkeit ausstrahlt. »Ich bin hier, um Sie zu fragen, was ich meinem Ältesten sagen soll: Ich habe seinen jüngeren Bruder getötet und werde deswegen vor Gericht kommen, aber er weiß bis jetzt noch nichts davon.«

Ich bin überrascht und fühle mich ein wenig unwohl, bitte ihn aber, mir zunächst die Fakten zu berichten.

Sein jüngerer Sohn wurde mit einer schweren chromosomalen Trisomie geboren. Als er nach der Eröffnung der Diagnose allein mit dem Kind war, tötete er es. Offenbar hat er seinem Ältesten davon nie etwas erzählt.

Hin und her gerissen zwischen Entsetzen, Abwehr und vielleicht auch Mitgefühl, höre ich ihm zu. Ich denke an all die Eltern von behinderten Kindern, die sich auf langes Leiden einzustellen haben. Andererseits kann ich diesen Kindsmörder verstehen. Korrekter formuliert: Ich verstehe seinen Wunsch, kein behindertes Kind zu haben. Das heißt nicht, dass ich seine Tat in irgendeiner Weise rechtfertigen würde. Dennoch: Ist es nicht denkbar, dass der wenig eingestandene, weil beschämende Hass bei der Geburt eines »normalen« Kindes – erinnern wir uns an Winnicott: Unsere Gefühle bestehen zu sechzig Prozent aus Liebe und zu vierzig Prozent aus Hass – die Oberhand über die Liebe gewinnt, wenn sich ein behindertes Kind ankündigt, das für die Beziehung der Eltern zur Zerreißprobe werden kann? Man entscheidet sich, ein Kind zu bekommen, um Zukunft, Überlieferung und Nachkommenschaft zu sichern, aber nicht für eine verheerende Gegenwart ohne Perspektiven. Meine eigene Tochter wurde »benommen« geboren, weil das Betäubungsmittel, das ihrer Mutter bei der Geburt gespritzt worden war, sich auf sie ausgewirkt hatte. Ich erinnere mich noch gut an meine Panik und den quälenden Gedanken: »Ich werde nicht mehr Psychiater, sondern Papa einer Behinderten sein …«, als ob dadurch alle Zukunftschancen ausgelöscht wären. Alice erinnert sich natürlich an nichts und hat auch überhaupt keine Probleme; aber Sie verstehen vielleicht besser, wie anfällig Psychiater selbst sind.

Der Kampf ist heikel und schwierig, und ich glaube, dass sich die meisten Eltern eines behinderten Kindes irgendwann wünschen, es wäre tot – und wenn es nur ein flüchtiger Gedanke ist. Ebenso wie sich Eltern eines normalen Kindes gelegentlich wünschen, es aus dem Fenster zu werfen – oder wenigstens damit zu drohen! Aber Todeswunsch ist etwas völlig anderes als Tötungswille. Im ersten Fall denkt man, es wäre sicherlich besser, wenn das Kind nicht mit dieser Behinderung leben müsste. Doch am Ende akzeptiert man das Kind durch eine Art schuldbewusster Verkehrung dieser negativen Gefühle, nach dem Motto: »Es ist behindert, aber ich liebe es trotzdem.« Aus dieser so genannten Affektinversion erwachsen Illusionen, die gleichzeitig als Abwehrmechanismen dienen: »Es kann integriert werden, es kann arbeiten wie die anderen, es hat die gleichen Fähigkeiten wie die anderen …« Nachdem die Eltern akzeptiert haben – nach all der Trauer und den Zweifeln, die damit zusammenhängen –, dass das Kind auf der Welt ist, erwarten sie eher, dass sich die Welt an ihr Kind anpasst als umgekehrt. Das ist die Hauptschwierigkeit bei der sozialen Integration von Behinderten. Es ist ganz natürlich, dass man sie anstrebt. Doch manchmal muss man sich mit dem Gedanken vertraut machen, dass als Lösung nur die Unterbringung in einer besonderen Einrichtung bleibt.

Eltern behinderter Kinder müssen außerdem darauf achten, die Geschwister mit normaler Entwicklung nicht zu vernachlässigen und sie nicht ständig in die Rolle der Wiedergutmacher und Helfer zu zwängen. Einen behinderten Bruder oder eine behinderte Schwester zu haben stellt für gesunde Kinder eine Beeinträchtigung ihres Narzissmus dar. Die Eltern dagegen müssen aufpassen, das von der Natur benachteiligte Kind nicht zu bevorzugen.

In anderen, außergewöhnlichen Fällen verstärkt sich der Todeswunsch durch Tötungswillen, und der Elternteil geht tatsächlich zur Handlung über. Natürlich wird die Übertretung des Gesetzes, des Gebotes »Du sollst nicht töten«, die Familie schwächen. Beim geringsten Problem wird diese Schwachstelle das oberflächliche Gleichgewicht zerstören.

All diese Gedanken überschlagen sich in meinem Kopf, aber ich überwinde mein Unbehagen. Am Ende rate ich dem Mann, seinem Sohn Folgendes zu sagen: »Ich konnte die Behinderung deines Bruders nicht ertragen. Er sollte nicht so leben.« Das und nichts weiter.

Einen Monat später kommt der Mann wieder zu mir und erzählt, der Junge habe nach seinem Geständnis zu ihm nur gesagt: »Sprich nie wieder mit mir.«

Auch ich wollte nichts mehr von ihm hören. Die Beratung war zu Ende. Der Mann kam mit zwei Jahren Bewährungsstrafe davon.

Ein paar Jahre später kommt eine Frau mit einem halbwüchsigen Jungen zu mir. Gleich zu Anfang sagt sie mir: »Sie kennen ihn nicht, aber seinen Vater. Er kam damals aufgrund eines Verbrechens an unserem behinderten Jüngsten zu Ihnen.« Sofort erfasst mich wieder das alte Unbehagen. Was mag diesmal geschehen sein? Die Mutter erklärt mir, dass ihr Sohn in der Schule total versagt und seinen Eltern gegenüber offene Aggressivität an den Tag legt. Der Junge selbst sagt gar nichts. Auch nicht, als wir allein sind. Er bleibt verschlossen, unergründlich, feindselig. Ja, direkt aggressiv, wenn man bedenkt, dass Schweigen der aggressivste Akt gegenüber einem Psychiater ist. Wenn er mir ins Gesicht spucken würde, könnte ich etwas damit anfangen! Stattdessen bietet er mir nichts als Vakuum.

Als die Mutter nach unserem schweigsamen Vier-Augen-Gespräch dazu kommt, gibt sie mir den entscheidenden Schlüssel zum Verhalten ihres Sohnes. Sie wurde einige Monate zuvor wegen Brustkrebs operiert. »Das war der Zeitpunkt, an dem er so aggressiv wurde«, sagt sie, »als ob er es nicht dulden wollte.«

So schrecklich dieser Fall ist, so einfach ist er zu verstehen. Die Krankheit der Mutter hat bei ihrem Sohn die Angst vor dem Tod wieder aufleben lassen, die durch den Tod des kleinen Bruders übersteigert wurde. Die Eltern aber können ihm kein Gefühl der Beruhigung vermitteln, weil sie in seinen Augen selbst Mörder sind. Indem er sie mit zerstörerischer Absicht attackiert, schützt er sich selbst. Immerhin haben sie den aggressivsten Akt begangen, den man sich vorstellen kann! Durch den Mord an dem behinderten Baby wurde das Sicherheitsgefühl des Jungen in Bezug auf seine Eltern stark eingeschränkt. Im Grunde muss er sich sagen: »Sie haben mich nicht umgebracht, weil ich normal war und sie nicht großartig gestört habe.« Er hat das vage Gefühl, dass, wenn er ihnen irgendwann nicht mehr in den Kram passt, ihren Wünschen nicht mehr entspricht, sie ihn entweder im Stich lassen oder töten.

Der Gedanke an den Tod hat das Kind während seiner gesamten Entwicklung begleitet. Die Schuldgefühle wurden in der ganzen Familie pathogen. Als der Tod erneut drohte, diesmal bei der Mutter, wurde das fragile Gleichgewicht des Jungen erneut erschüttert. Er reagiert mit Gewalttätigkeit, um nicht denken zu müssen. Er schaltet seine Denkfähigkeit aus, indem er zur aggressiven Handlung übergeht. Die Aktion ersetzt das defekte Denken.

So einfach der Fall zu begreifen ist, so schwierig, ja unmöglich scheint er zu betreuen zu sein. Wie soll man diesem Kind begreiflich machen, dass die Störung der Eltern bei ihm als Sohn nicht automatisch auch zu einer Störung führen muss? Die Aufgabe erweist sich alsbald als unlösbar, weil der Jugendliche sich konstant weigert, mit mir zu reden. Als Psychiater decke ich Funktionsstörungen auf, ich bin der Buchhalter der familieninternen Tragödie und Aggression, folglich bin ich unsympathisch, folglich hat er keine Lust, mich zu sehen. Und folglich gibt er sehr schnell auf.

Es nützt also überhaupt nichts, dass ich die Funktionsweise dieses Jungen verstanden habe, weil er keinerlei Entgegenkommen zeigt. Er hat sich so in seine Aggression eingemauert, dass er nicht mehr heraus kann.

Und so stelle ich mir Jahre später die Frage: Hätte diese Situation verhindert werden können? Warum habe ich nicht reagiert, als der Vater damals zu mir kam und mir die Worte seines Sohnes übermittelte: »Sprich nie wieder mit mir.«? Hätte ich den Vater behandeln müssen, um auch den Sohn behandeln zu können? Warum habe ich nicht darauf bestanden, dass der Kleine zu jemand anderem geht? Vielleicht hätte er sich am Ende doch noch geöffnet. Heute aber sind die Schichten gelegt und fest zementiert, er ist verstrickt in sein feindseliges Funktionieren, das einzige, das er kennt und das er nicht mehr ablegen kann.

In meiner Fassungslosigkeit über seinen Mord habe ich dem Vater die Tür vor der Nase zugeschlagen, froh darüber, ihn nicht mehr sehen zu müssen. Inzwischen werde ich den Eindruck nicht mehr los, als müsste der Sohn heute dafür bezahlen, dass ich den Vater damals weggeschickt habe.

Die Angst vor den Wölfen

Ein Jugendrichter betraut mich mit der Lösung einer komplexen Aufgabe: Soll ein kleiner Junge von fünf Jahren seinen Vater im Gefängnis besuchen, obwohl er weiß, dass dieser seine Mutter ermordet hat? Der Mann hat seine Frau vor den Augen des Jungen an der Tür zum Kindergarten erstochen.

Jérôme kommt zu mir in Begleitung seiner Großeltern mütterlicherseits, bei denen er seit den Ereignissen lebt. Er ist lebhaft, fröhlich und kontaktfreudig. Gleich zu Anfang fragt er mich: »Hast du Angst vor Wölfen?« Überrascht stammele ich: »Äh, nein, ich sollte wohl Angst vor dem Wolf haben, aber ...« Sofort unterbricht er mich und korrigiert: »Ich habe gesagt, vor *den Wölfen*!«

Dann erzählt er spontan, ohne dass ich ihm Fragen stellen muss, von dem Horror, den er erlebt hat. Das arme Kind ist an die Verhöre der Ermittler gewöhnt. »Mama hat Blut gesprüht.« Da ihr Brustkorb von mehreren Messerstichen durchbohrt war, trat in der Tat bei jedem Atemzug Blut aus den Wunden aus. Der Kleine erzählt mir das in einem Ton, als ob er sagen würde: »Gestern war ich mit Mama beim Baden«, ohne besondere Emotion, als ob solches Grauen für ihn alltäglich wäre.

Ich muss hinzufügen, dass er zum Zeitpunkt des Dramas drei Jahre alt war. In diesem Alter glauben Kinder, dass der Tod umkehrbar ist: »Mama ist tot, okay. Und wann kommt sie wieder nach Hause?« Mit fünf ist Jérôme immer noch durch die Vorstellung einer möglichen Rückkehr seiner Mama vor der Traurigkeit geschützt.

Anschließend spricht er von seinen Onkeln und Tanten, von seinen Großeltern mütterlicherseits und seinen Cousins. Keinerlei Erwähnung des Vaters, abgesehen von der schrecklichen Schilderung des Mordes. Es gibt dem, was er sagt, nicht viel hinzuzufügen. Ich kann ihm nur die Frage des Richters stellen: »Möchtest du deinen Papa besuchen, der wegen der Dinge, die du mir gerade beschrieben hast, im Gefängnis ist?«

Statt einer Antwort wiederholt er seine Frage vom Beginn der Sitzung: »Hast du Angst vor Wölfen?«

Angesichts dieser Hartnäckigkeit habe ich keine andere Wahl, als mich von ihm führen zu lassen. Ich öffne die Hände als Zeichen des Unverständnisses und verziehe den Mund, um ihm zu zeigen, dass ich nicht kapiere und weitere Erklärungen brauche. Er lässt sich nicht lange bitten.

»Als Papa noch zu Hause war, war er böse. Er schrie, schlug Mama, mich und auch die Katze. Ich hatte Angst vor ihm zu Hause. Jetzt, wo er nicht mehr da ist, höre ich nachts Geräusche. Ich habe keine Angst mehr vor ihm, weil er nicht mehr da ist und weil er bestraft worden ist, aber draußen sind Wölfe. Vorher war der Wolf bei mir zu Hause.«

Im Alter zwischen drei und sechs Jahren erleben Kinder fast die ganze Palette an Ängsten. Angst vor dem Dunkel, vor dem Nichts, vor dem Wolf, Angst davor, entführt oder im Stich gelassen zu werden ... Freud sagte, die Angst ist die physiologische Krankheit der frühen Kindheit, und Donald Winnicott fügte hinzu, dass ein Kind, das auf den Straßen Londons keine Angst vor dem Gewitter hat, kein wirklich normales Kind ist. Die Angst ist also etwas sehr Natürliches und Nützliches: Sie hilft, irgendwann keine Angst mehr zu haben, erwachsen zu werden, ein Seelenleben zu führen. Ein Mensch muss Angst haben, um erwachsen werden zu können. Die Eltern bieten Sicherheit, und man verlässt sich auf sie, um Ängste zu überwinden und loszuwerden, dennoch bleiben einige von ihnen bis ins Erwachsenenalter bestehen, manche in mehr, manche in weniger stark ausgeprägter Form.

Die Angst vor den Wölfen, von der Jérôme gesprochen hat, erscheint mir wesentlich seltener als die banale Angst vor dem bösen Wolf. Sie ist wie eine einzige und gleiche Angst, die aber mehrmals wiederholt wird: Angst vor Mord, vor Gefressen-Werden, vor Blut. Angst vor dem Vater, der als Mörder nicht in der Lage ist, seinem Sohn über die natürlichen Ängste der Kindheit hinwegzuhelfen.

Stellen Sie sich vor, Sie sind nachts allein im Wald und haben sich verirrt. Zuflucht suchen Sie auf einer Lichtung, die Ihnen weniger furchterregend scheint als das dichte Unterholz. Aus Angst vor einer möglichen Gefahr lauern Sie auf die Geräusche der Natur. Wenn Sie wissen, aus welcher Richtung ein Geräusch kommt, stellen Sie sich ihm entgegen und warten. Das ist furchtbar, aber immer noch weniger schlimm, als wenn Sie kreuz und quer ziellos durch den Wald laufen würden, ohne zu wissen, woher die Gefahr drohen kann. Es erschien mir folglich wünschenswert, dass Jérôme seinen Vater im Gefängnis besucht und sich auf diese Weise dem Wolf entgegenstellt.

Doch das ist nicht der einzige Grund, der mich dazu bewogen hat, die Besuche im Gefängnis zu befürworten. Die Idee ist, dass es besser ist, einen Mörder als Vater zu haben als gar keinen. Das lernen wir aus dem Märchen von Schneewittchen: Sie weiß genau, dass sie nicht in den Apfel beißen soll, den ihr die Hexe gibt. Dennoch kann sie nicht anders, weil sie so sehr darunter leidet, keine Mama zu haben, dass sie es vorzieht, sich mit diesem verflixten Apfel zu vergiften. Er gibt ihr wenigstens das Gefühl, es interessiere sich jemand für sie.

Wenn alle Kinder der Welt sich mit Schneewittchen identifizieren, liegt das daran, dass sie davon überzeugt sind, es sei besser, eine Hexe als Stiefmutter zu haben als überhaupt keine Mama. Anders ausgedrückt, die Angst vor dem Allein-gelassen-Werden ist tausendmal stärker als die Angst vor der Monstrosität.

Indem man das Kind vollkommen von seinem Vater isoliert, verwehrt man ihm die Chance, sich ein Bild von ihm zu machen. Wie soll man um das Bild von Vater oder Mutter trauern, wenn man ihn oder sie überhaupt nie sieht? Wie etwas betrauern, das man gar nicht kennt? In Frankreich kennen 140 000 Kinder, von denen ein Elternteil im Gefängnis sitzt, dieses Problem. Wenn sie den fehlenden Elternteil nicht sehen dürfen, laufen sie Gefahr, ihn zu idealisieren, auch wenn er nicht unbedingt die geeignete Identifikationsfigur ist. Wenn sie ihn dagegen besuchen dürfen, können sie selbst ihre Schlüsse aus dem ziehen, was sie sehen, hören und wahrnehmen.

Wenn es den Elternteil nicht besuchen darf, hält ihn das Kind am Ende vielleicht für ein Opfer der Justiz. Wenn man ihm aber erklärt: »Dein Vater ist ein Monster, weil er deine Mutter ermordet hat«, und ihm verbietet, ihn zu sehen, blockiert irgendwann die Monstrosität seine Psyche. Das Kind muss den Mörder-Vater mit der Wirklichkeit abgleichen, sonst lebt es fürderhin mit der Bedrohung: »Eines Tages kommt er heraus und wird mich umbringen, so wie er meine Mutter umgebracht hat.«

Wenn man ihm den Vater vorenthält, läuft es außerdem Gefahr, sich gegen die Justiz zu stellen, die ihn durch Inhaftierung von ihm fern hält. Hierin liegt vielleicht eine Ursache für das, was man intergenerationelle Transmission oder Wiederholungszwang nennt: Das Kind geht ebenfalls ins Gefängnis, wenn ein Elternteil dort war, und zwar aufgrund seiner selbstzerstörerischen Identifikation mit demselben. Dass Jérôme erlaubt wird, seinen Vater dort zu besuchen, schützt ihn möglicherweise, verhindert vielleicht sogar im äußersten Fall, dass er später einmal ebenfalls seine Frau umbringt. Allein mein Erfahrungswissen erlaubt es mir, etwas zu behaupten, was wie eine Provokation klingt. In einigen Familien, die ich betreut habe, wurde eine Gefängnisstrafe von den Kindern wie eine Art Initiationsritus erlebt: »Ich bin jetzt erwachsen, weil ich genauso stehlen und eingebuchtet werden kann wie mein großer Bruder.« Ich erinnere mich an eine Familie mit fünf Söhnen, die ich alle während ihrer Haft begutachtet habe. Ihr Vater war tot, und so fanden sie bei den

Wächtern die Autorität und Verkörperung des Gesetzes, die ihnen zu Hause fehlte. Es war verblüffend zu sehen, wie anständig sie sich im Gefängnis benahmen; drei von ihnen behielten dieses tadellose Verhalten auch später in Freiheit bei. Ohne diesen Initiationsritus, bei dem das Gesetz für sie wieder in Kraft trat, hätten sie sicherlich keine Chance gehabt, in der Gesellschaft mit ihren Regeln, Prinzipien und Codes zu funktionieren. Das heißt nicht, dass das Gefängnis all diese Probleme löst, keineswegs. In bestimmten Fällen jedoch, das muss man wohl zugeben, hat es durchaus seine Berechtigung.

Ich stimme also dafür, dass Jérôme seinen Vater besuchen darf; aus all den genannten Gründen und noch einigen anderen: Er soll erstens nicht denken, dass seine Großeltern ihn daran hindern, ihn zu sehen. Er soll zweitens ihnen gegenüber keinen Groll deswegen hegen, und schließlich soll er eines Tages seinem Vater die Frage stellen können: »Warum hast du Mama umgebracht?« Was der Frage gleichkommt: »Hat es meine Mutter irgendwie so weit getrieben, dass sie erstochen werden musste, und warum konnte mein Vater nur so handeln, wie er gehandelt hat?« Denn, wie ich nochmals betonen möchte, solange der Junge nicht die Chance hat, diese Fragen zu stellen, kann es passieren, dass er paradoxerweise seinen Vater am Ende gut findet.

Der Richter folgt meinem Rat, und die Großeltern akzeptieren die Entscheidung mit viel Würde und Verständnis.

Ziemlich bald vertraut mir Jérôme aus eigenem Antrieb an: »Ich werde ihn nicht mehr so oft besuchen, er ist ein bisschen böse.« Selbst in dieser Situation erteilt ihm der Vater noch Anordnungen: »Halte dich gerade, sei brav …« Er sitzt hinter Gittern, weil er sich mehr als tadelnswert verhalten hat, und spielt sich dennoch als Erzieher auf, der weder Zärtlichkeit noch Aufmerksamkeit, noch Sanftheit zeigt. Für Jérôme ist es der Beginn der Trauer: Ganz allein diagnostiziert er die Unzulänglichkeiten seines Vaters. Auf diese Weise lernt er sicherlich besser, seine Großeltern zu akzeptieren und die Chance zu erkennen, die ihm das Leben mit ihnen bietet. Irgendwann werden sie wie Eltern für ihn sein, mit denen er sich identifizieren kann.

Das ist der Grund, warum ich tief und fest an Jérômes Entwicklung glaube, auch wenn ich ihn nie wieder gesehen habe.

Lange und schwierige Behandlungen

Eines Tages sagt man zu, einen Fall von schwerer psychischer Störung zu übernehmen, ohne allerdings zu ahnen, dass er sich über Jahre hinziehen wird. Gleichwohl ist es gerade diese über lange Zeit gewachsene Nähe, die der Psychiatrie einen gewissen Adel verleiht. Patient und Therapeut beißen sich zusammen durch, manchmal ist man sich feindselig gesinnt, oft kommt Aggressivität auf, doch irgendwann ist man wieder auf dem »rechten Weg«, und es bleibt die Kraft der gemeinsam geschaffenen Erinnerungen.

Langfristige Verantwortung

Christelle, fünfzehn Jahre, wird von ihrem Kinderarzt wegen Persönlichkeitsstörungen zu mir geschickt. Die Störungen sind so massiv, dass der Mediziner sogar Schizophrenie in Erwägung gezogen hat. Das Mädchen ist extrem gehemmt, spricht nicht und hebt kaum den Blick. In der Schule und im Schoß ihrer Familie – ohne die sie wahrscheinlich längst in einer geschlossenen Abteilung gelandet wäre – kommt sie zurecht, doch abgesehen davon zeigt sie keinerlei soziales Verhalten.

Ich empfange sie zusammen mit ihren Eltern. Die Mutter, von Beruf Lehrerin, tritt willensstark, korrekt und dynamisch auf, der Vater etwas ängstlicher, offenbar von den Problemen seiner Tochter wesentlich stärker erschüttert als sie. Alle beide legen großen Wert darauf, dass ich mich des Falles annehme.

Ein schwieriger Fall: Christelle zeigt vor allem Misstrauen und Angst. In den ersten beiden Jahren will sie nicht allein kommen, immer ist ihre Mutter dabei, immer spreche ich mit ihr. Ich versuche, Christelle mit einzubeziehen, aber sie spricht nicht mit mir und vermittelt zudem den Eindruck, mich kaum zu hören.

Dank der Mutter halte ich durch: Ihre Gegenwart, ihr Wille, mich zu unterstützen, helfen mir zu verstehen, dass ihre Tochter heilbar ist. Es ist bei Therapien mit Kindern oder Jugendlichen übrigens anfangs häufig so, dass die Eltern mehr den Psychiater stützen als umgekehrt. Durch das Vertrauen, das sie uns entgegenbringen, überzeugen sie uns letztendlich, dass unser Eingriff zu etwas nütze sein wird.

Nichtsdestotrotz reagiert Christelle kaum und macht so gut wie keine Fortschritte. Diese nicht enden wollenden Sitzungen, in denen sie nicht ein Wort sagt! Hört sie mich überhaupt, oder ist sie ganz woanders, in Wahn- oder Fantasievorstellungen gefangen, weit entfernt von jedem Kommunikationsversuch? Ich versuche, ihr Schweigen zu deuten, aber vor allem versuche ich durchzuhalten. Es ist unmöglich, die Sitzungen abzukürzen; sie ist sehr pingelig, was die Einhaltung der Zeit angeht, und wartet geduldig auf das Ende der Stunde. Während dieser Zeit rede ich, von der Schule, von ihrer Schwester, ihren Eltern, wiederhole immer wieder: »Okay, du möchtest nicht reden, aber vielleicht ist das ja bald anders.« Manchmal schweige ich auch, halte sogar hin und wieder bis zu zwanzig Minuten durch, ohne ein Wort zu sagen. Das ist – wer mich kennt, wird das bestätigen – eine ungeheuerliche Leistung.

Trotz ihrer Gehemmtheit nehme ich stumme Hilferufe wahr. Also bleibe ich dran und versuche, einen neurotischen Verband auf ihren psychotischen Brand zu legen. Und alsbald werde ich für meine Hartnäckigkeit belohnt: Sie bringt mir Kassetten mit. Im Anschluss an die Sitzungen, in denen ich sie weit weg glaubte, eingeschlossen in einer unerreichbaren Welt, hat sie alles, was passiert ist, aufgeschrieben und schließlich auf Kassetten gesprochen, mit der Absicht, sie mir eines Tages zu geben.

Nach zwei Jahren Mutismus tritt Christelle in eine Phase massiver Übertragung ein: Sie vertraut mir ihre Halluzinationen, ihre Ängste, ihre Probleme mit der Umwelt an. Sie öffnet sich mir rückhaltlos, damit ich in gewisser Hinsicht sie werde und mich in perfekter Harmonie mit ihr befinde. Auf diese Weise glaubt sie, sich aus der Affäre ziehen zu können. Das bezeichnet man als Übertragung. Man sagt zum Psychiater: »So funktioniere ich, du wirst mir jetzt erklären, warum, und dann wird alles gut. Ich stürze mich auf dich, ich gebe dir alles, was ich habe und was ich fühle, damit ich eine Chance bekomme, normal zu leben.« Allem Anschein zum Trotz ist die Übertragung kein Vertrauensbeweis. Es ist, wie wenn man als Notfall ins Krankenhaus eingeliefert wird; man hält die Krankenschwester für ein Genie und ist sich sicher, dass man mit ihr die besten Chancen hat, es zu schaffen. Ganz gleich, ob sie es letztlich ist, die einen heilt. Entscheidend ist, dass man ein Bild vom guten Heiler hat, um den akuten Stress zu bewältigen.

Unsere Sitzungen sind schwierig. Ich versuche unablässig, Christelle an eine weniger beschwerliche Wirklichkeit heranzuführen, indem ich die Rolle ihrer Eltern hervorhebe, das Vertrauen, das sie ihr entgegenbringen, und ihre Unterstützung bei ihrer Eingliederung in die Schule. Außerdem lobe ich ihre guten intellektuellen Fähigkeiten. Sie reagiert mit Unbehagen und verfällt manchmal sogar wieder in Mutismus. Sie beunruhigt und beeindruckt mich gleichermaßen, wenn sie mir Aufsätze vorlegt, in denen sie über Brüche und Daseinsprobleme spricht und außerdem alles darlegt, was zwischen uns nicht funktioniert.

Es ist interessant festzustellen, dass es in Christelles Geschichte nichts gibt, das ihre Störungen erklären könnte. Das ist vor allem wichtig zu betonen, wenn man einschlägige unsinnige Postulate wie das folgende kennt: »Es braucht drei Generationen, um einen Psychotiker hervorzubringen.« Irgendwann lässt man sich überzeugen und sucht hartnäckig bei Eltern und Großeltern nach Gründen für die Störung der Kinder. Ich weigere mich, an so etwas zu glauben. Es ist Zeit, die Karten aufzudecken und die Dinge aus einem anderen Blickwinkel zu betrachten: Narzissmus ist von Anfang an vorhanden, das heißt, das Kind mag sich ein bisschen, viel oder gar nicht. Durch ihr Verhalten verstärken oder schwächen Eltern diese oder jene Neigung. Auf diese Weise wird ein Baby, das über ein gutes Selbstwertgefühl verfügt, auch mit etwas schwachen Eltern alles gut überstehen. Ein Kind mit schwach ausgeprägtem Narzissmus dagegen kann große Probleme bekommen. Wenn zum persönlichen Zusammenbruch der Zusammenbruch der Familie kommt, ist mit dem Schlimmsten zu rechnen. In Christelles Fall scheinen es im Gegenteil die Eltern, ihre Mutter vor allem, gewesen zu sein, die ihr über das Misstrauen mir gegenüber hinweggeholfen haben. Ihr wahnhaftes Symptom ist der Ausdruck ihrer verweigerten Kontaktaufnahme zur Umwelt. Dafür sind ihre Eltern nicht verantwortlich.

Nach drei Jahren massiver Übertragung durchlebt Christelle, und wir mit ihr, ein Jahr der Hölle. Sie zeigt katatone Symptome – extreme motorische und psychische Passivität, unterbrochen von Erregungszuständen –, die typisch für Schizophrenie sind. Sie spricht mit mir, aber nur, solange sie sich hinter dem Schrank versteckt hält. Oder sie sagt gar nichts, wobei sie zugibt, dass sie nicht reden kann, weil sie das Gefühl hat, hier, in meiner Praxis, und gleichzeitig zu Hause zu sein. Wahnideen sind eines der Hauptsymptome der Schizophrenie. An diesem Punkt bekomme ich Angst: Darf ich jemanden, der so krank ist, überhaupt mit den Methoden der Psychotherapie behandeln?

Außerdem, ich muss es gestehen, kann ich nicht mehr, sie laugt mich aus. Manchmal ruft sie mich an, direkt nach Sitzungen, in denen sie wieder einmal keinen Ton gesagt hat, und bombardiert mich regelrecht. Die Dialoge sind immer gleich steril: »Was möchtest du mir sagen?« – »Nichts, ich möchte nur reden.« Ich bin am Ende, ich träume, dass sie einen Autounfall hat, ich sehe eine Todesanzeige in der Zeitung und stelle mir sogleich vor, sie wäre es … Ich kann nicht umhin festzustellen, dass ich selbst eine negative Übertragung mache: »Dein Größenwahn ist mal wieder nicht zu überbieten, Rufo! Du willst glauben, dass sie nicht krank ist, weil du sie therapierst. Aber sie ist verrückt! Hospitalisiere sie! Setze sie unter Neuroleptika! Schicke sie zu einem Kollegen! Schaff sie dir vom Hals!« In der Tat hätte sie Medikamente bekommen können, doch als Psychotherapeut darf ich keine Rezepte ausstellen, wobei ich natürlich einen anderen Arzt hätte hinzuziehen können.

Trotz allem beschließe ich weiterzumachen. Und werde bestätigt. Nach einer Weile gibt sie zu: »Ich sage nichts, weil ich Ihnen Angst machen würde, wenn ich rede. Ich schweige, weil Sie mich sonst nicht mehr sehen wollten.« Diese wenigen Worte zeigen mir, dass sie sich nicht von der Übertragung lösen und eingestehen kann, dass ich weder so interessant noch so mächtig bin, wie sie meint.

Nach langen Monaten voller Mühsal erkennt Christelle endlich, dass es nicht auf mich, sondern auf ihr eigenes Leben ankommt. Es folgt die gesegnete Zeit der Gegenübertragung, der interessanteste Teil der Psychotherapie, in der der Patient seine Freiheit als Subjekt wieder entdeckt. Christelle ruft mich immer seltener an, schließlich gar nicht mehr. Die Sitzungen verlaufen gut, auch wenn wie in Liebes- oder Freundschaftsbeziehungen Spannungen infolge der bevorstehenden Trennung zu spüren sind. Wir wissen, dass wir uns bald nicht mehr sehen werden. Und warum? Das Ende einer Therapie ist ebenso wie eine Trennung schwer zu überwinden. Manchmal für beide Seiten. Der Patient hat sich von seinem Therapeuten ein Bild gemacht, sieht ihn als Vater, Kind, Geliebten, von dem er sich schwer trennen kann. Auch der Therapeut kann sich in der Beziehung dauerhaft einrichten, indem er am Ende glaubt, der Patient sei nur dank ihm wieder gesund geworden; das kann zu einer beinahe pathologischen Bindung führen.

Erstaunlicherweise hilft uns ein Dritter auf die Sprünge. Christelles Tante, die sich sehr für Psychologie interessiert, sagt eines Tages zu ihrer Nichte: »Meinst du nicht, ihr zieht die Therapie ein wenig in die Länge?« Christelle übermittelt mir die Bemerkung, und ich muss zugeben, dass sie nicht ganz aus der Luft gegriffen ist. Dem Mädchen geht es gut, es braucht mich nicht mehr. Nach so langer Zeit müssen wir uns also trennen … Um ganz ehrlich zu sein: Es ist schon schön, einen Patienten gehen zu sehen und ihm zu sagen: »Alles Gute! Ich bin überzeugt davon, dass du mit deinen Fähigkeiten ein glückliches Leben führen kannst.« Mit dem Loslassen des Patienten hat der Psychotherapeut seine Arbeit vollendet. Dann wenn der andere wieder frei von dieser schwierigen, in Christelles Fall sogar sehr schwierigen Beziehung ist. Die letzte Sitzung ist wie eine offene Tür; sie führt zu einem Weg, der dem Patienten ganz alleine gehört.

Trotzdem denke ich, dass es ihr etwas ausmachen würde, wenn sie von meinem Tod erführe. Illusion? Einbildung? Langfristige Beziehungen wie diese hinterlassen unauslöschliche Spuren. Eine Therapie ist ein Bund fürs Leben.

Gleichwohl gibt es eine Art Übertragungsköder von Seiten des Patienten. Er weiß genau, dass der Psychiater dem, was er sagt, nicht unmittelbar beipflichten darf. Sonst ist er zu nah, also befangen. Das heißt aber nicht, dass er gleichgültig ist. Es ist eine Gratwanderung. Man erwartet von uns wohlwollende Neutralität: Für mich ein Ding der Unmöglichkeit, also bevorzuge ich das, was ich sensible Empathie nenne. Ich fange nicht an zu schluchzen, wenn ich die schlimmen Geschichten meiner Patienten höre, aber ich empfinde echtes Interesse, eine wahrhaftige Emotion, allerdings ohne jede persönliche Leidenschaft.

Bei dieser Jugendlichen habe ich mich stark engagiert,

weil ich nicht wollte, dass sie schizophren ist. Also war ich gezwungen, sie zu therapieren und zu halten. Bei Christelle gab es Hemmungen, sozialen Rückzug, seltsame Neigungen, die sie mit Sicherheit auf einen psychotischen Weg Richtung Schizophrenie geführt hätten. Die Psychotherapie hat höchstwahrscheinlich diese schwierige und schmerzhafte Entwicklung verhindert. Die Geschichte zeigt einfach, dass das Adjektiv »schizophren« nicht ausreicht, um einen Menschen zu definieren. Man kann ein Schizo sein und intelligent oder aber ein Schizo und blöd; jeder hat seine ureigensten Fähigkeiten, mit denen er seinen Weg geht. Und im sozialen Leben gibt es tausend verschiedene Möglichkeiten, psychiatrische Störungen zu integrieren.

Kürzlich hat mich Christelle angerufen. Sie hat eine Arbeit, bekommt ein Baby, alles läuft gut. Die Therapie war wie eine Straße durch ein unwirtliches Dickicht, die zu einer friedlich daliegenden Ebene unter einem wolkenlosen Himmel führte. Die Ruhe nach dem Sturm.

»Er muss sogar Steuern zahlen!«

Jérémy, achtzehn Monate, kommt mit seinen Eltern, beide achtzehn Jahre alt, zu mir. Die Diagnose drängt sich auf: Er ist autistisch. Autismus äußert sich durch massive Persönlichkeits- und Verhaltensstörungen: Kommunikationsschwierigkeiten, Vermeidung von Blickkontakt, Nichtentwicklung von Sprache, Unfähigkeit zu zeichnen, Instabilität, Nichtanpassung in der Gruppe, keinerlei Kontaktaufnahme mit der Realität und der Außenwelt, die der Autist mit größter Anstrengung meidet.

Während der gesamten ersten Sitzung versteckt sich Jérémy unter dem Stuhl, schlägt mit dem Kopf gegen die Wand, knirscht mit den Zähnen (was man als Bruxismus bezeichnet), erschrickt beim geringsten, kaum wahrnehmbaren Geräusch, zeigt aber andererseits keinerlei Reaktion, wenn vor dem Fenster ein Lastwagen hupt.

Seine Eltern erzählen mir, dass er Schlafstörungen hat (er schläft mit offenen Augen), anfangs eine ganze Weile die Brust verweigert hat, nicht isst, alles erbricht, was er zu sich nimmt, ständig seinen Kopf hin und her bewegt und ihn, sobald er die Gelegenheit hat, gegen die Wand oder die Stäbe seines Gitterbettchens schlägt. Die ganze Zeit über scheint uns Jérémy nicht zu hören, nicht zu sehen, als ob wir durchsichtig oder unsichtbar wären, und bewegt seine Hände vor dem Gesicht wie eine indische Tänzerin.

Einen positiven Punkt immerhin registriere ich: Seine Motorik ist normal. Er läuft und klettert ohne Probleme.

Nach diesem Gespräch rate ich seinen Eltern, ihn dreimal die Woche in die Tagesklinik zu bringen, wo er immer von derselben Kinderkrankenschwester betreut wird. Die übrige Zeit soll er zu Hause mit ihnen verbringen.

Obwohl wir uns redlich bemühen, ihn zum Spielen oder Reden zu bewegen oder dazu, ein Verhältnis zu einer erwachsenen Bezugsperson aufzunehmen, zeigt er quasi keine Fortschritte. Ein Integrationsversuch in der Vorschule scheitert. Mit sechs Jahren schicken wir ihn mit dem Einverständnis der Eltern in eine Sonderschule. Aus Sympathie für die jungen Eltern gehe ich ihn einmal im Monat besuchen, um seine Entwicklung zu verfolgen.

Fünfzehn Jahre lang passiert nichts. Dann eines Tages treffe ich ihn auf dem Flur der Einrichtung, grüße ihn wie immer mit »Bonjour, Jérémy«, und traue meinen Ohren nicht, als ich etwas höre wie: »Ach, du bist da?«

Beim Treffen mit dem Erzieherteam sage ich nur: »Ich glaube, ich bin eben Opfer einer akustischen Halluzination geworden. Jérémy hat mich angesprochen.«

Alle lachen: »Er spricht seit vierzehn Tagen!«

Dank einer genialen Lehrerin hat Jérémy mit siebzehn endlich angefangen zu sprechen und holt nun einen Großteil der Grundschulausbildung nach, lernt lesen und schreiben. Am Tag seines achtzehnten Geburtstags schreibt er zum ersten Mal seinen Namen.

Heute ist Jérémy der beste Mitarbeiter in einer Behindertenwerkstatt. Seit der Leiter des Zentrums beschlossen hat, die Löhne nach Leistung zu staffeln, liegt Jérémys Einkommen ein ganzes Stück über dem gesetzlichen Mindestlohn. Kürzlich haben mich seine Eltern ganz aufgeregt angerufen und mir begeistert erzählt: »Stellen Sie sich vor, er muss jetzt sogar Steuern zahlen!«

Eine schöne Entwicklung, die Jérémy genommen hat. Sie zeigt, dass Autismus eine Diagnose, aber keinesfalls eine Prognose ist. Anders ausgedrückt, so schlimm es für die Eltern auch sein mag, ich muss die Diagnose stellen, sonst kann ich keine Maßnahmen einleiten, um das Kind zu behandeln. Wenn ich den Autismus nicht erkenne, wenn ich nichts sage, kann ich keine Therapie vorschlagen. Es ist aber eben nicht so, dass ich allein dadurch, dass ich es ausspreche, eine Fehlentwicklung einleite.

Nach der Pleite mit der Tagesklinik dachte ich, ehrlich gesagt, Jérémy sei unheilbar und würde nie sprechen. Dass er es irgendwann doch tat, liegt sicherlich daran, dass ein Platz für ihn gefunden wurde, an dem man mit seiner Nichtfähigkeit zur Kommunikation gut zurechtkam. Ein Platz, wo er so akzeptiert wurde, wie er war, und wo man sich um ihn kümmerte.

Die Gefahr bei einem solchen Kind besteht darin, dass man es bis zum Alter von sechs Jahren betreut und dann fallen lässt, wenn es noch nicht spricht, mit der Begründung, es werde nie geheilt, werde nie sprechen. Aber bekommt denn ein Diabetiker irgendwann kein Insulin mehr, weil er nicht als geheilt gilt? Meiner Meinung nach sollte man Autismus wie eine chronische Krankheit behandeln, wie ein chronisches Kommunikationsleiden. Wer daran leidet, muss betreut werden, auch wenn feststeht, dass nicht alle wieder gesund werden. Jeder weiß, dass Krebs nicht immer besiegbar ist, trotzdem wird er immer behandelt. Wir Psychiater neigen dazu, schnell aufzugeben. Wir möchten alles mittels brillanter Deutung heilen. Trotzdem kommt es nicht selten vor, dass die Therapie langwierig ist, voller tastender Versuche, Unschlüssigkeit, Missgeschicke und Fehlinterpretationen. Der Autismus bringt uns nicht an die Grenzen der Psychiatrie, aber er lehrt uns etwas Neues und Wertvolles: die langfristige Therapie. Wir müssen einfach aufhören, uns für Propheten zu halten, die schon bei der Diagnose alles über die Entwicklung des Patienten wissen.

Autismus zeigt sich früh. Mit einem Jahr, spätestens achtzehn Monaten kann die Diagnose gestellt werden. Manche Kinder sind bereits im Mutterleib autistisch, andere erst, sobald sie auf der Welt sind. Einige werden es auch erst später. Stellen Sie sich ein Kind in einem Kriegsgebiet vor, geprügelt, von den Eltern getrennt, im Dunkeln eingesperrt, missbraucht, verraten, mit dem seit sechs Monaten kein Mensch geredet hat. Auch dieses Kind kann autistisch werden.

In den meisten Fällen aber, wie auch bei Jérémy, gibt es keine Erklärung, keine erkennbare Ursache. Und, ich muss es nochmals betonen, nicht die Eltern sind verantwortlich für Autismus; im Gegenteil, der Autismus verändert die Eltern. Nicht die Zurückweisung durch die Eltern macht ein Kind zum Autisten, sondern das autistische Kind macht die Eltern zurückweisend: Ich wette, es gibt niemanden, der ein Kind mit dieser Störung hat, der nicht hin und wieder eine abweisende Reaktion zeigt. Es ist normal, ein Kind abzuweisen, das nicht die Idealvorstellung erfüllt, die man vor seiner Geburt von ihm hatte. Und es ist besser, zu erkennen, dass man nicht mehr kann, als um jeden Preis weiterzumachen, obwohl man längst Distanz braucht.

Wenn ich davon nicht überzeugt wäre, hätte ich nicht Jérémy angesehen, sondern seine Eltern und hätte sie gefragt: »Also, was ist Ihr Wunsch? Was war los während der Schwangerschaft? Gibt es Probleme in Ihrer Beziehung?« Von diesem Zeitpunkt an hätten sie sich zwangsläufig schuldig an der Krankheit ihres Kindes gefühlt, weil ich ihnen durch meine Fragen suggeriert hätte, dass es an ihrem Verhalten liegt, dass ihr Kind so ist, wie es ist.

Häufig kommen Eltern zu mir, nachdem sie schon bei fünf anderen Therapeuten waren. Meistens wollte man sie dort allein sehen, ohne das Kind. Müssen sie da nicht zwangsläufig denken, sie seien schuld an der Krankheit ihres Kindes?

Erinnern wir uns daran – es scheint angebracht –, dass der Kinderpsychiater da ist, um die Kinder zu behandeln, nicht die Eltern. Er soll sich also auf die Hinweise konzentrieren, die er von den Kindern bekommt. Mir gelingt das problemlos, weil ich nach so vielen Jahren zu dem Schluss gekommen bin, dass Eltern ohnehin nicht viel zu der Entwicklung ihrer Kinder beitragen. Ich übertreibe! Sagen wir lieber, die Kinder sind Meister ihres eigenen

Schicksals, wobei sie von ihren Eltern begleitet und unterstützt werden. Sonst hätten wir ein ganz anderes Bild: Gute Eltern hätten gute Kinder und schlechte Eltern schlechte Kinder. Aber so ist es eben nicht. Das zeigt sich in so vielen Familien mit großer Nachkommenschaft. Alle Kinder haben dieselben Eltern, und doch sind sie alle unterschiedlich. Weil sie ihren eigenen Charakter, ihre Persönlichkeit haben und weil sich jedes von den Eltern eine andere psychologische Vorstellung macht. Die Eltern sind mehr Protokollanten als Produzenten des Fortschritts ihrer Kinder. Das Kind hängt in erster Linie von sich selbst ab, eher passen sich die Eltern an das Kind an als umgekehrt. In den Rollen der Eltern spielt meiner Ansicht nach Anpassung eine größere Rolle als Erziehung.

Eloïse und Aurélie: Opfer der Magersucht

Die Magersucht oder Anorexie ist etwas Faszinierendes. Für manche Autoren ist diese schreckliche Krankheit eine monosymptomatische Psychose, als ob Verneinung von Hunger, Vernachlässigung des Körpers samt Lebensgefahr wahnhaft wären, während der Rest der psychischen Struktur vollkommen intakt ist. In diesem Zusammenhang fallen mir ein paar Gesichter ein.

Eloïse habe ich in der Uniklinik von Timone kennen gelernt. Sie war wegen einer schweren und seltenen Krankheit dort, die nicht zu diagnostizieren war. Mit ihren acht Monaten hatte sie bereits eine lange medizinische und chirurgische Vergangenheit hinter sich. Mit drei Monaten war sie wegen einer Aortenverengung operiert worden, doch trotz erfolgreichem Eingriff erbrach Eloïse in den folgenden Monaten alles, was sie zu sich nahm. Die Ärzte vermuteten eine Erkrankung des Verdauungsapparates, ohne jedoch eine präzise Diagnose stellen zu können. Nach einem Aufenthalt im Krankenhaus von Kremlin-Bicêtre bei Paris kam sie, bereits künstlich ernährt, zur Reanimation nach Marseille.

In diesem Zustand sah ich sie das erste Mal. Mit finsterintensivem Blick hielt sie Kontakt zu ihrer Welt, vor allem zu ihren Eltern, die unglücklich und hilflos waren angesichts ihrer Machtlosigkeit. Die Mutter, Diabetikerin, glaubte, sie hätte der Kleinen einen genetischen Defekt vererbt; der Vater wollte seine Tochter nach Hause holen, wo er sich, wie er rührend beteuerte, um sie kümmern könne.

Als auch die letzte medizinische Untersuchung keine Auffälligkeit erkennen ließ, musste man sich den Tatsachen fügen: Eloïse litt an einer Neonatalanorexie, einer extrem seltenen und in höchstem Maße lebensgefährlichen Krankheit. Die Anorexie des Säuglings weist auf eine Psychose hin. Das Kind besetzt die äußere Welt in so geringem Maße, dass es nicht schlucken kann. Essen, beißen, kauen heißt, sich an die Welt, an das Leben gewöhnen, es sich anzueignen. Es ist nicht unmöglich, dass es zwischen schweren kindlichen Psychosen und organischen, ja genetischen oder embryopathischen Störungen oder auch neurologischen Funktionsstörungen seltsame Zusammenhänge gibt. Aber noch ist nichts nachgewiesen in diesem Bereich, man ist hier noch in einem frühen Forschungsstadium.

Achtung vor Verwechslungen: Ein Kind von zwei bis drei Jahren, das mitten in der Trotzphase Probleme beim Essen macht, und ein anorexisches Baby haben nichts miteinander zu tun. Bei allen Protesten, mit denen es sich seiner Existenz versichert, isst das Kind, wenn es Hunger hat, während das Baby schon das Hungergefühl ignoriert.

Die medizinische Abteilung bat uns also, Eloïse zu behandeln. Ich sage »uns«, weil man bei Anorexie immer zu mehreren ist, im Verbund arbeiten muss. Ich versuchte, unseren Maßnahmen eine Richtung zu geben, zu verstehen und mit dem kleinen Mädchen verbal Kontakt aufzunehmen; eine meiner Mitarbeiterinnen, Mireille, eine hervorragende Krankenschwester, kümmerte sich um die eher körperliche Seite der Therapie und berichtete mir stets, was sie machte und wie das Baby reagierte. Sie setzte all ihr Können und die größte Geduld ein, um das Mädchen voranzubringen. Die Kleine weigerte sich nach wie vor, Nahrung in den Mund zu nehmen. Sie wollte weder kauen noch mit ihren spitzen Milchzähnchen zubeißen. Mireille hatte dann eine ebenso hübsche wie geniale Idee: Sie kaute geräuschvoll Zwieback, wobei sie ihre Wange an Eloïses schmiegte, damit die Kleine das Geräusch hörte und mit dem ganzen Körper das Gefühl des Kauens erlebte. Indem sie ihr völlig unbekannte Empfindungen zeigte, schuf sie eine starke Bindung mit Eloïse. Dennoch blieb die Therapie schwierig, weil die Kleine trotz guter Entwicklung schwach war und nicht sprach.

Vielleicht fragen sich manche, warum ich die Neonatalanorexie nicht durch die Kraft der Worte heilen konnte wie seinerzeit die idiopathischen Koliken der kleinen Elsa. Nun, in jenem Fall handelte es sich um den Bereich der Symptomatik, der Somatisierung, während wir es hier mit einer Psychose zu tun haben, die tödlich sein kann und für Eltern wie Mediziner zu Recht Anlass größter Sorge ist.

Mit rund zwanzig Monaten begann Eloïse zu sprechen, wobei sie sofort ein hervorragendes Sprachniveau erreichte. Dann stürzte sie beim Spielen auf dem Flur; durch den Ernährungsmangel waren ihre Knochen zart und gläsern, und so zog sie sich einen Bruch zu, der eingegipst wurde und sie zur Unbeweglichkeit zwang.

Als wir sie besuchten, Mireille und ich, schmollte sie und sagte kein Wort. Spielerisch und scherzhaft sagte ich ihr – im Einverständnis der Kinderkrankenschwester –, dass diese schuld wäre: Sie hätte nicht aufgepasst, und so wäre es gekommen, dass sie sich das Bein gebrochen hätte. Bei dieser Erklärung hellte sich Eloïses Gesicht zu einem Lächeln auf, dann lachte sie befreit auf und sagte: »Mimi bobo Nono«, übersetzt: »Mireille hat Eloïse weh getan.« Ich fügte hinzu, dass Mireille wirklich sehr böse sei, dass sie so etwas getan habe. Das Mädchen geriet ganz aus dem Häuschen vor Begeisterung und begann, mit ihren schmalen Händchen auf den Arm der Krankenschwester zu hauen. Erstaunlicherweise vertiefte diese Geschichte ihr Verhältnis zu Mireille. Die Erklärung liegt auf der Hand: Da sie aufgrund des Knochenbruchs hospitalisiert war, sah sie die Krankenschwester, eine wichtige Bezugsperson für sie, ein paar Tage lang nicht, was sie für eine Bestrafung hielt. Dass sie die Möglichkeit erhielt, ihre Aggressivität auszudrücken, verschaffte ihr Erleichterung und brachte sie uns gleichzeitig näher. Denn da ist noch etwas anderes: Solange Eloïse nicht aß, hatte sie keine körperliche Wirklichkeit. Doch jetzt verspürte sie plötzlich Schmerz, und durch diesen Schmerz wurde sie sich ihres Körpers bewusst. Indem sie Mireille für diesen Schmerz verantwortlich machte, erkannte sie sie als eine für sich selbst äußerst wichtige Person an: In gewisser

Weise hatte sie ihr gezeigt, dass sie einen Körper hat. Einen Körper, der leidet, der lebt, der Bedürfnisse hat. Nach dieser Entdeckung machte Eloïse spürbare Fortschritte. Sie fing sogar wieder an zu essen, wenig und ohne zu schlingen, wie Kinder das können, aber es war kein Vergleich im Hinblick auf die erste Zeit.

Mit fünfeinhalb verließ Eloïse unsere Station und nahm ein normales Leben mit Eltern und Schulkameraden auf, denn sie war gerade eingeschult worden.

Ich habe sie nie wieder gesehen. Allerdings hat mir ihre Mutter über sie berichtet, leider wenig Gutes.

Als Jugendliche erkrankte sie an einer schweren Diabetes. Alles begann wie so oft bei Kindern dieses Alters mit einem Koma. Es folgten tägliche Insulingaben. Mehr als die Krankheit selbst oder die Behandlung gefährdet die Jugendlichen ihr eigenes Verhalten. So fiel Eloïse mehrmals ins Koma, entweder weil sie vergessen hatte, das Insulin zu nehmen, oder weil sie zu viel davon nahm. Vor allem aber fing ihre Anorexie wieder an. Leider erkannten die Ärzte sie nicht, sondern hielten ihre Essprobleme für Auswirkungen ihres schwierigen Alters. Ihre Eltern durchlitten deswegen heftige Konflikte, doch es war, als ob die Diabetes die Anorexie überblendet hätte. Insbesondere die Mutter, die ja selbst Diabetikerin ist, fühlte sich schuldig, ihrer Tochter die Krankheit vererbt zu haben.

Trotz meiner Distanz hatte ich zu Eloïses Fall eine dezidierte Meinung. Leider hielt es das Psychologenteam ihrer Station nicht für nötig, sich mit uns zusammenzutun.

Eloïse setzte ihrem Leben auf schreckliche Weise ein

Ende, indem sie sich die Magensonde, die sie ernährte, herausriss und eine dreifache Dosis Insulin setzte, was zu einem tödlichen hypoglämischen Koma führte. Die Anorexie, die latent in der gleichnamigen Periode, der Latenzperiode, weiter bestand, war im Jugendalter wieder ausgebrochen.

Aurélie ist 18, als ich sie kennen lerne, aber ich kann es kaum glauben: Sie ist so groß wie ein zehnjähriges Kind und wiegt 23 Kilo. Mit neun Jahren hat bei ihr eine Anorexie begonnen, die Wachstum und Pubertät behinderte, was zu dem so genannten anorexischen Zwergwuchs führte. Man sieht hier, wie leicht Magersucht von einer psychischen Störung zu einer körperlichen Erkrankung werden kann.

Aufgrund ihrer bemerkenswerten Intelligenz hat Aurélie ein hervorragendes Abitur gemacht und sich an der Fakultät für Medizin eingeschrieben, weil sie Kinderärztin werden möchte. Doch infolge ihres Erscheinungsbildes zieht sie den Spott ihrer Mitstudenten auf sich: »Was willst du denn hier? Du gehörst doch in den Kindergarten!« Diese eher dummen als böse gemeinten Bemerkungen stürzen sie in Verzweiflung, weil sie ihr die Wirklichkeit immer wieder drastisch vor Augen führen.

Jedenfalls erzählt sie mir das bei unserem ersten Treffen. Frei spricht sie von ihren Problemen, schildert mir das Bild, das sie von sich selbst hat, von dieser Diskrepanz zwischen ihrer äußeren Erscheinung und ihrem Alter. Unablässig klagt sie über ihren Körper, sie sei kaputt und würde sich nie weiterentwickeln.

Dann erzählt sie mir ihre etwas konfuse Geschichte. Die Eltern sind geschieden. Ihr Vater lebt in Tahiti, wo die Familie eine Zeit lang gewohnt hat. Sie sieht ihn manchmal in den Ferien, lebt aber sonst bei ihrer Mutter. Inzwischen teilt sie sich eine kleine Wohnung mit einer anderen Studentin.

Als Ursache für ihre Anorexie nennt sie einen sexuellen Übergriff auf einer der polynesischen Inseln: Während sie im Supermarkt an der Kasse in der Schlange stand, habe sich jemand an ihr gerieben, habe sie gestreichelt. Außerdem erwähnt sie eine inzestuöse Beziehung zu einem Cousin, ebenfalls in Polynesien, in vorzeitigem Alter. All das bleibt ein wenig verschwommen. Tatsache ist, dass ich nie erfahren werde, ob die Erinnerungen real sind oder reine Fantasie, wie ein Vorschlag, für mich erfunden, um andere Probleme zu verschleiern, die sie weder ansprechen kann noch will. Ich muss sagen, dass mir alles, was sie erzählt, durchaus schmerzlich und schlimm erscheint, aber kaum als Erklärung ausreichend für das Bild, das sie abgibt.

Ich behandle Aurélie vier Jahre lang. Fortschritte sind kaum zu verzeichnen. Sie klammert sich an ihr Symptom, es gelingt ihr weder, ihren Körper anzunehmen, noch die Probleme zu überwinden, die ihr ihre physische Erscheinung bereitet.

Eines Abends ruft sie mich an, um mir zu sagen, dass es ihr sehr, sehr schlecht gehe. Sie könne sich nicht mehr auf ihre Arbeit konzentrieren, nicht mehr lernen. Ihre Freundin sei ausgegangen, also sei sie allein in der Wohnung. Ich habe das Gefühl, dass sie am Rande des Abgrunds steht, und alarmiere sofort telefonisch ihre Mutter. Und tatsächlich: Aurélie wollte ihrem Leben ein Ende setzen.

Diese Episode bringt sie zum ersten Mal in die Klinik. Als sie noch öfter eingeliefert wird, ist meine Arbeit beendet. Aurélie ist in einer Sonderabteilung in den Händen von Experten, die andere Methoden und Behandlungsformen haben als ich, und ich möchte die stationäre Behandlung nicht behindern. Mit Hilfe einiger Tricks gelingt es ihr noch ein paar Mal, mich kommen zu lassen oder mich anzurufen. Doch schließlich gibt sie es auf, ebenso wie ich voller Trauer darüber, dass die Psychotherapie versagt hat. Ich habe mich damit abgefunden, sie in andere Hände zu geben.

Heute ist Aurélie 24. Ich habe sie nicht wiedergesehen, doch sie schreibt mir hin und wieder, als ob sie eine abgebrochene Beziehung aufrechterhalten wollte. Sie hat keinen Freund, überhaupt wenig Freunde, und trotz Therapie ist sie immer noch in Magersucht und krankheitsbedingtem Zwergwuchs gefangen. Sie wurde nicht Kinderärztin, sondern macht stattdessen eine Ausbildung zur Krankenschwester. Hierzu eine Anmerkung: Wenn Magersüchtige in der Ausbildung besonders herausragend sind, schieben sie oft diesen Erfolg als Vorwand vor: »Seht doch, ich bin doch fleißig, ich bin klug, ich tue meine Arbeit, also hört mir auf mit dem Rest, das ist völlig unbedeutend.« In vielen Veröffentlichungen wird darauf hingewiesen, wie gut und wichtig es für Magersüchtige ist, dieses Idealbild von sich selbst, eine Art übersteigerten Narzissmus, aufzugeben, um sie von ihrem schrecklichen

Symptom heilen zu können. Ich bin nicht ganz einverstanden mit diesen Thesen. Wenn Magersüchtige ein vielversprechendes Studium aufgeben, wie Aurélie, hat das nichts mit der Aufgabe eines Idealbildes zu tun. Der Grund ist vielmehr ebenso simpel wie dramatisch: Aufgrund ihrer körperlichen Schwäche haben sie Denkstörungen und Konzentrationsschwierigkeiten. Sicherlich ist das der Grund, warum Aurélie sich für eine weniger strapaziöse Ausbildung entschieden hat. Immerhin konnte sie dem Pflegebereich treu bleiben, der ihr so sehr am Herzen liegt.

Diese beiden Fälle vermitteln ein Bild davon, wie schwierig es ist, Anorexie zu heilen. Glaubt man den Statistiken, wird die Krankheit in vierzig bis fünfzig Prozent der Fälle chronisch. Die Magersüchtigen haben zeit ihres Lebens ein schwieriges Verhältnis zum Essen, acht bis zehn Prozent gehen zur Handlung über und begehen Selbstmord, um ihrem Leiden zu entrinnen. Nur dreißig bis vierzig Prozent heilen von diesem besonderen Trauma, das ihnen im Nachhinein wie eine schmerzliche Übergangsphase erscheint.

In allen Fällen von Anorexie liegt eine schwere Störung des Selbstbildes vor, eine Störung des Körperbildes, das sich in Nahrungsverweigerung, Verneinung schon der Vorstellung von Hunger sowie großem Depressions- und Suizidrisiko ausdrückt.

Die Störung des Körperbildes ist auf eine Ablehnung der Geschlechtlichkeit des Körpers, mithin der Sexualität, zurückzuführen. Sicherlich ist dies der Grund dafür, dass die Anorexie fast immer in der Adoleszenz auftritt. Es ist übrigens eine Verjüngung der Magersüchtigen zu beobachten: Bis vor kurzem waren es noch die 16- bis 18-Jährigen, heute sind es nicht selten 13-, 14-Jährige oder Kinder vor Eintritt der Pubertät, was zum Teil dramatische Konsequenzen hat. Bei Aurélie etwa haben Ernährungsmangel und Gewichtsverlust zu schweren Wachstumsstörungen geführt. Nebenbei bemerkt ist die Anorexie eine Störung, die überwiegend Mädchen betrifft. Jungen bringen die Ängste, die durch den heranwachsenden Körper hervorgerufen werden, auf andere Weise zum Ausdruck. Sie maskieren die Verunsicherung angesichts der Verwandlung, auf die sie keinen Einfluss haben, durch Gefahrensuche, Zerstörungswut oder riskantes Verhalten.

Es gibt keine Typologie der Anorexie – jeder kann eines Tages daran erkranken –, ebenso wenig wie eine bestimmte Disposition, die eine Erkrankung wahrscheinlich machen würde. Man kann höchstens von auslösenden Faktoren sprechen: Eine Schlankheitskur des/der Jugendlichen oder dessen/deren Mutter, eine Angst vor allem, was den Körper betrifft. Es ist indessen sicher nicht verkehrt, nochmals darauf hinzuweisen, dass man sich vor dem modernen Schlankheitskult in Acht nehmen sollte. Wer abnimmt, wird überschwänglich beglückwünscht, wer zunimmt, wird verunglimpft. Kleine Mädchen bekommen spindeldürre Puppen zum Spielen, und das Bild dieser großen jungen Frau, die so mager ist, dass sie beinahe keine sekundären Geschlechtsmerkmale mehr aufweist, wird zum Traum und ewig unerreichten Vorbild vieler weiblicher Teenager.

Es ist schon deshalb schwierig, einer Magersüchtigen zu helfen, weil sie sich selbst nicht als dürr empfindet. Wenn sie sich im Spiegel anschaut, sieht sie sich nicht so, wie sie ist, mit eingefallenen Wangen und entstellt von den drastischen körperlichen Folgen der Anorexie: ausfallendem und/oder struppigem Haar, brüchigen Nägeln und schlechten Zähnen. Das sind die Äußerlichkeiten, doch es gibt noch schlimmere Symptome wie etwa das Ausbleiben der Regel, ein Hauptmerkmal der Anorexie, das die jungen Mädchen jedoch nicht im Mindesten beunruhigt, sondern im Gegenteil glücklich macht, ist es doch ein Anzeichen für die Entsexualisierung ihres Körpers. Sexualität macht ihnen Angst, und wie sollte es auch anders sein, wenn sie ihren Körper verneinen? Sexualität impliziert Begegnung, Austausch, Beteiligung, während die Magersüchtige sich immer nur um sich selbst dreht, nur in Begriffen wie Kontrolle und Allmacht denkt und stärker sein will als Hunger, Begehren und Lust.

Das Ausbleiben der Menstruation, das bei erheblichem Gewichtsverlust – von erheblich spricht man ab fünf Kilo – auftritt, sollte für Eltern ein Alarmsignal sein. Natürlich kann das Abnehmen durchaus freiwillig sein, etwa infolge einer Diät, oder unabsichtlich, wie bei vorübergehender Appetitlosigkeit, die durch Niedergeschlagenheit verursacht sein kann. Auch bestimmte kulturelle Gebräuche oder familiäre Verhaltensweisen können zu Gewichtsverlust führen. Dennoch sollte man stets wachsam bleiben. Grund zur Beunruhigung besteht, wenn die Jugendliche immer öfter gehaltvolles Essen, Öl, Fleisch, Nudeln, Kartoffeln, Brot und Kuchen ablehnt, um irgendwann gar nichts mehr zu essen. Sobald die Anorexie eingetreten ist, glauben die Mädchen, nichts mehr zu sich nehmen zu brauchen. Ich erinnere mich an eines, das sich von Tee ernährte, in den Äpfel gerieben waren, und das für eine ausreichende Kalorienzufuhr hielt.

Auf diese Weise geraten Magersüchtige in die Mühlen eines Systems, das sie selbst errichtet haben. Manchmal müssen sie hanebüchene Ausreden finden, um zu beweisen, dass sie gar nicht Schöpfer, sondern vielmehr Opfer desselben sind. Ein junger Mann zum Beispiel bildete sich am Ende ein, er habe eine erstaunliche Maschine in seinem Bauch, die Nahrungsmittel reinige und nach Kaloriengehalt sortiere. Ein junges Mädchen war überzeugt davon, dass sie vom Atmen zunehme. Das subjektive Empfinden einer Falle, in der sie sitzen und aus der sie glauben, nie wieder entkommen zu können, bringt manche dazu, sich das Leben zu nehmen. Dieser Schritt ist mehr gegen die Krankheit gerichtet als gegen sich selbst oder vielleicht die Eltern. Diese müssen begreifen, dass sie mit dem Entschluss ihres Kindes nichts zu tun haben.

Abgesehen von einigen Ausnahmen – eine vom Schlankheitswahn besessene Mutter, die ihre Tochter darauf drillt, möglichst nicht zu essen, oder schlimmer noch, ihr ihre Rundungen zum Vorwurf macht (eine solche Mutter gehört übrigens sofort angezeigt!) –, scheint bei Anorexie die Familie zweitrangig. Auch hier ist es die Störung, die besondere Verhältnisse schafft: Der Vater wird als geschlechtliches Wesen gefürchtet, die Mutter manipuliert, indem man sie zur Komplizin zu machen versucht. In der überwiegenden Anzahl der Fälle aber dürfen sich die Eltern nicht schuldig für das fühlen, was ihren Kindern zustößt. Selbst wenn sich ein Mädchen vornimmt, besser, hübscher, schlanker zu sein als ihre etwas rundliche Mutter, so ist es immer noch sie selbst, die sich in diese Situation des Identitätsverlustes begibt, und nicht die Mutter.

Camille, »das Mädchen«

Camille ist fünf, hat große samtschwarze Rehaugen und lange Wimpern. Er lächelt und will verschmust auf meine Knie klettern, um mich zu küssen. Seine Mutter, die nicht mehr ganz jung ist, wirkt traurig und geplagt. Sie hat das Kind aus Osteuropa im Alter von drei Monaten adoptiert. Sie glaubt, dass es von Zigeunern stammt, weiß es aber nicht genau. Sie kommt zu mir, weil ihr Sohn seit seinem Eintritt in die Vorschule von seinen kleinen Kameraden gehänselt und geschlagen wird. Sie singen: »Camille, das Mädchen! Camille, das Mädchen!« Er wehrt sich nicht dagegen. Aber er ist unglücklich über diese ständige Aggressivität. Er ist Opfer von Rassismus im wahrsten Wortsinne.

Beim ersten Gespräch sitzt er brav da und sortiert sorgfältig seine Buntstifte nach Farben. Er zeichnet erst eine Prinzessin, dann sich selbst als Mädchen im Schoß der Familie und erklärt frei heraus: »Ich möchte ein Mädchen sein, ich heiße ja auch schon Camille.«

Weist dieses Kind frühzeitige Anzeichen für Homosexualität auf? Es ist noch zu früh, um das festzustellen, außerdem ist er nicht deswegen hier. In der ersten Zeit bin ich vor allem daran interessiert, ihn aus seiner Passivität zu reißen und ihm beizubringen, wie man sich wehrt. Ich therapiere ihn auf besondere Weise, indem ich ihn mit einem kleinen Jungen seines Alters zusammenbringe: dem Kind einer allein erziehenden Mutter, einer Psychiaterin. Der kleine Rabauke leidet an einer Lungenkrankheit und kommt aufgrund von Charakterstörungen, Aufsässigkeit und offener Aggressivität zu uns. Ich beschließe also, die beiden Jungen gemeinsam zu sehen, weil ich mir Hilfe von dem kleinen Racker erhoffe. Er soll dafür sorgen, dass Camille mit mir spielt, und mich vielleicht auch vor einer homosexuellen Beziehung schützen, die der Junge mit den Rehaugen von Beginn an aufbaut. Zunächst reagiert er ablehnend, doch als er spürt, dass er der Anführer unseres kleinen Trios sein wird, akzeptiert er meinen Vorschlag. Ziemlich rasch fügt sich Camille in die Gruppe ein. Zumindest hier gibt es keinen Rassismus. Ob homosexuell oder nicht, das ist nicht das Problem; der gemeinsame Nenner der Jungen ist, dass sie beide zum Psychiater gehen. Das genügt ihnen, um einen geschlossenen Block gegen mich zu bilden.

Die ersten Sitzungen könnte man als »klassisch« bezeichnen: Wir sprechen über ihre Eltern, ihre Großeltern, ihr Leben, sie zeichnen, wir spielen. Camille zeigt sich unbefangen und sogar aufgeweckter als der Wildfang. Doch auch der hat ein paar glänzende Ideen und erfindet alsbald ein außerordentlich aggressives Spiel: Jeder bewaffnet sich mit drei Tennisbällen, dann bewirft man sich im Dunkeln. Wer als Erstes einen Gegner am Kopf trifft, hat gewonnen. Das ist nicht gerade akademisch, trotzdem mache ich mit. Die Knirpse haben mich damit in ihre Altersstufe integriert, akzeptieren mich sogar als einen der ihren.

Das Spiel ist so wild, dass die Wände zittern. Während unserer Sitzungen sieht die Leiterin des Rehabilitationszentrums eine Etage tiefer ihre Lampen wackeln und hört Geräusche, die sie zusammenzucken lassen. Bald nennt sie unsere Treffen die »Stunde des Spinners mit den zwei Kindern«.

Zu meiner größten Überraschung erweist sich Camille als der aggressivste von uns dreien. Einer seiner trotz Dunkelheit perfekt gezielten Würfe bringt mir ein blaues Auge ein. Als er ein paar Tage darauf erneut von einem seiner Kameraden gehänselt und angegriffen wird, ohrfeigt er ihn, um ihn anschließend nach allen Regeln der Kunst zu vermöbeln.

Für mich ist es ein Sieg. Dieses zurückgezogene, von seinen Altersgenossen gepeinigte Kind begreift endlich, dass es selbst aggressiv sein muss. Aggressivität und Gewalt sind – sofern sie gewisse Grenzen nicht überschreiten – Teil der Entwicklung. Camilles Fausthieb kommt mir wie eine Art Symbol vor: Er verbietet damit der Gruppe, die ihn isoliert, ihm zu verbieten, so zu sein, wie er sein will, wie er ist.

Eine wohl seltsam anmutende Methode, junge Patienten zur Gewalt zu ermuntern ... Aber hier geht es um etwas anderes. Zu Anfang nervt mich dieser affektierte und gezierte Kleine. Ich will ihn vermännlichen, ihn zwingen, seine schönen Buntstifte wegzulegen, um die Lust am Raufen zu entdecken. Es ist meine Art, ihm zu sagen: »Sei ein Mann, hau auf die Pauke, benutze deine Fäuste.« Das Ergebnis übertrifft meine kühnsten Erwartungen. Doch meine wahre Befriedigung liegt woanders: Ich bin glücklich, dass Camille Präsenz zeigt, Aggressivität gegen seine Umwelt. Vielleicht hat er eine homosexuelle Neigung, aber Scham oder Schuldgefühle empfindet er deswegen nicht. Indem er sich prügelt, zeigt er mir, dass er nicht passiv ist, dass er seinen Platz in der Gesellschaft organisiert und einfordert. Er ist präsent in der Welt, er verteidigt sich gegen sie und kann sie gleichzeitig erobern, wie auch immer seine sexuelle Präferenz später aussehen wird.

Ich bin nicht der Einzige, der sich über Camilles Acting out freut. Sein Vater, ein Berufssoldat, tat sich schwer mit der manierierten Passivität seines Sohnes. Von den eigenen Eltern vernachlässigt, heiratete er die Tochter der Köchin seines Internats. Nach der Hochzeit stellte sich bald heraus, dass seine Frau unfruchtbar war, was den Vater wahrscheinlich sogar beruhigte: Wenn sie keine Kinder haben würde, könnte sie sie auch nicht vernachlässigen wie seine Mutter ihn. Doch um ihn glücklich zu machen, willigte sie ein, ein Kind zu adoptieren. Sie wollte eine vorbildliche Ehefrau sein und dort brillieren, wo ihre Schwiegermutter versagt hatte. Diese Frauenrivalität ist umso extremer und furchtbarer, weil die Rivalin unbekannt ist.

Nach mehreren Monaten Psychotherapie und »Männerspielen« erhellt mir Camilles Mutter unerwarteterweise das Verhalten ihres Adoptivkindes. Sie erzählt, dass sie so glücklich über die Adoption, über dieses Kind war, das sie nicht selbst zur Welt hatte bringen können, dass sie es ganz »automatisch« sofort wie ein kleines Mädchen anzog, ihm Kleider aus ihren alten Sachen nähte. Sie ließ ihn mit Puppen spielen und sang ihn mit »Camille, mein Mädchen« in den Schlaf. Mit aufrichtiger Überraschung berichtet sie, dass die anderen Kinder das Liedchen aufgenommen haben. Am Ende fragt sie mich, ob ich wirklich glaube, dass ihr Verhalten eine Störung der sexuellen Identität bei ihrem kleinen Jungen hervorgerufen haben könnte.

Was soll ich auf diese Frage antworten, die unendlich naiv erscheint? Es scheint offensichtlich, dass diese Frau aus ihrem Sohn das kleine Mädchen gemacht hat, das sie gerne gehabt hätte. Eine fein gemachte kleine Tochter, die fröhliche, bunte Farben trägt, ganz im Gegensatz zur Mutter, die eintönig und grau wirkt, wie übrigens auch ihr Mann. Das kleine Mädchen, das sie nicht bekommen hat, das sie selbst nicht mehr ist. Indem sie so handelt, erreicht sie, dass Camille sich mit ihr identifizieren kann, also weibliche Verhaltensweisen annimmt.

Bleibt nur noch offen, warum Camille so widerstandslos in diese ihm fremde geschlechtliche Identität schlüpft. Liegt es vielleicht daran, dass er als Adoptivkind mehr noch als biologische Kinder den großen Wunsch hat, seiner Mutter zu gefallen? Jedenfalls entsprang seine Passivität wohl einer zweifachen Unsicherheit: zum einen über seine Herkunft, zum anderen über sein Geschlecht. Er wurde adoptiert, seine Herkunft ist ungewiss. Seine Mutter hat für ihn ein Geschlecht »ausgesucht«, das nicht das seine ist. Es ist schwierig, sich zurechtzufinden, wenn man in so trübem Gewässer schwimmt.

Man könnte auch die Gegenprobe machen: Hat die

Mutter vielleicht schon früh gespürt, dass ihr Junge eine homosexuelle Neigung hat? In diesem Fall hätte sie ihr Verhalten genau nach seinen Verhaltensweisen und Bedürfnissen gerichtet, so wie sie sie wahrnahm. Heute gilt die schreckliche Lesart, dass die Eltern für alles verantwortlich sind, was mit ihren Kindern geschieht. Ich frage mich, ob es nicht die Kinder sind, die ihre Eltern formen, ihnen ihr Verhalten vorgeben, sie zu dem gestalten und bilden, was sie sind. Wenn es so wäre, müssten sich die Eltern nur anpassen …

Welche Rolle spielt Camilles Vater bei alledem? Er war, wie gesagt, Soldat und das mit Leib und Seele: mundfaul, zurückhaltend und verschlossen. Ein Vater, der mehr fordert, als er sagt. »Ich bringe dich bei den Fallschirmspringern unter, wenn du groß bist«, verspricht er, allerdings mit dem Gedanken, dass sein Sohn die Truppe ziemlich durcheinander bringen wird, solange er sich nicht ändert. Ein Vater, der eine mögliche Homosexualität seines Sohnes sicherlich nicht zugeben könnte, sich aus allem heraushält und vollständig auf die Mutter verlässt, die alles richten soll. Ein Vater, selbst ehemals vernachlässigtes Kind, der einsam geblieben ist und keine Bindung zu seinem Sohn aufbauen konnte. In dieser Familie besteht das eigentliche Paar aus Camille und seiner Mutter – eine Konfiguration, die man übrigens häufig in der Geschichte von Homosexuellen findet: die Mutter schließt den Vater aus, der überhaupt wenig präsent ist.

Ich habe Camille ein Jahr lang behandelt, bis er mich nicht mehr sehen wollte. Seine Entscheidung fand mein uneingeschränktes Einverständnis: Er war in der Schule inzwischen voll integriert und erbrachte in seiner zweiten Grundschulklasse hervorragende Leistungen.

Einige Jahre später allerdings sehe ich ihn wieder. Er ist jetzt zwölf und leidet an starken Depressionen mit Neigung zu Selbstzerstörung und Suizid. Ursache für diesen Zustand ist der unerwartete Tod seines Vaters infolge einer Herzkrankheit. Camilles Reaktion könnte seltsam anmuten in Anbetracht der Tatsache, dass er kaum ein Verhältnis zu seinem Vater hatte. Dass ihn dessen Tod so schmerzlich trifft, liegt daran, dass es jetzt endgültig keine Chance mehr für eine Annäherung gibt. Camilles Todessehnsucht, der Wunsch, seinem Leben ein Ende zu setzen, lassen sich als Identifikation mit dem Vater deuten, die ihm zu dessen Lebzeiten nicht möglich war.

Zu dieser Zeit ist Camille in einer adoleszenten Form der Homosexualität organisiert, seine Mutter jedoch glaubt, dass es sich um eine Phase der Bisexualität handelt, die in diesem Alter häufig zu beobachten ist.

Im Jugendalter wählt man seine Sexualität im praktischen Sinne, also im Hinblick auf den konkreten Geschlechtsakt. Davor durchlaufen Jugendliche oft eine Phase der Bisexualität, die als unbedeutend gilt und nichts über ihre endgültige sexuelle Ausrichtung im Erwachsenenalter aussagt. Es ist das Alter des besten Freundes, der besten Freundin, die immer vom selben Geschlecht sind und die Funktion eines Alter Ego einnehmen, mit dem man sich identifiziert. Die Freundschaft ist von Zärtlichkeit begleitet, die manchmal in konkreten Handlungen Ausdruck findet. Es gibt aber einen Unterschied zwischen einem Jugendlichen, der sagt: »Mein bester Freund ist das Wichtigste für mich, die Mädels sind mir wurst, die kann ich später noch haben ...«, und Camille, der echte Gefühle für die Jungs seines Alters empfindet und sich nicht vorstellen kann, Gleiches für Mädchen zu entwickeln.

Jetzt bestand meine Aufgabe darin, Camille zu helfen, seine homosexuelle Identität zu akzeptieren, ohne Schuldgefühle zu entwickeln. Wir hatten diese Arbeit schon einige Jahre zuvor begonnen mit unseren wilden Spielen, doch in der Adoleszenz ist es etwas anderes. Mit mir konnte er ohne Scham, ohne Furcht vor Verurteilung über seine Neigungen reden. Weil ich nicht sein Vater war, konnte ich akzeptieren, dass er homosexuell war.

Auch die Mutter akzeptierte es ohne Probleme. Vielleicht weil sie es schon früh selbst bemerkt hatte. Die Erfahrung hat mir gezeigt, dass Adoptiveltern ihren Kindern gegenüber oft mehr Neutralität und bessere Distanz wahren. Es klingt furchtbar, aber ich glaube, dass diese Eltern im Hinblick auf ihre Abstammung nicht das gleiche Problem haben wie andere. Wenn man ein Kind hat und Großvater oder -mutter wird, ist das Transmission. Wenn man ein Kind adoptiert und dieses Kind wiederum ein Kind bekommt, unterstreicht das nur, dass man selbst nicht in der Lage war, seine Gene weiterzugeben. Die Sexualität der Adoptivkinder evoziert und bekräftigt die Unfruchtbarkeit der Adoptiveltern. Wenn eine Frau über Jahre hinweg vergeblich IVF-Behandlungen über sich hat ergehen lassen, wird ein fruchtbarer Bauch in der nächsten Generation sie zwangsläufig auf diese schmerzliche Erfahrung zurückwerfen. Für Camilles Mutter wäre es sicherlich härter gewesen, eine schwangere Schwiegertochter zu haben. Mit einem schwulen Sohn bleibt ihr diese Prüfung erspart, sie muss ihr Leben und ihre Vergangenheit nicht noch einmal durchleben.

Wenn ich so darüber nachdenke, frage ich mich, ob die Furcht, ja die Angst biologischer Eltern, einen homosexuellen Sohn zu bekommen, nicht daher kommt, dass es keine Transmission, keine Nachkommenschaft geben wird. Bei Mädchen ist es anders, denn sie können selbst als Homosexuelle Kinder bekommen.

Vielleicht wäre die Angst der Eltern geringer, wenn Homosexuelle uneingeschränktes Adoptionsrecht hätten. Die gesellschaftliche Debatte darüber läuft, doch der Ausgang ist offen. Die Gegner führen Bedenken ins Feld, so etwa die Frage: Was wird aus Kindern, die von Eltern gleichen Geschlechts aufgezogen werden? Studien aus Nordeuropa, wo man in dieser Hinsicht genügend Gelassenheit hat, zeigen, dass Kinder, die von einem homosexuellen Paar adoptiert wurden, die gleiche psychische Organisation aufweisen wie Adoptivkinder eines stabilen heterosexuellen Paares. Die Kinder erkennen einwandfrei, wer in der schwulen Beziehung den weiblichen Part und wer den männlichen einnimmt. Bleiben die Probleme, die bei Trennung oder schlechtem Verhalten auftreten. Aber sind etwa heterosexuelle Paarbeziehungen immer dauerhaft und harmonisch?

Bei Camilles Geschichte stellt sich die Frage nach der Organisation des Geschlechts. Bei seiner Geburt weiß ein Baby nichts von seinem Geschlecht, ganz im Gegensatz zu seiner Umwelt. Jeder projiziert das eigene Geschlecht auf sein Kind: Ein Mann projiziert auf seine Tochter sowohl seinen männlichen als auch seinen weiblichen Teil, ebenso wie die Frau auf ihren Sohn ihren weiblichen und ihren männlichen Teil projiziert.

Studien aus den USA zeigen, dass ein Kind mit rund 18 Monaten sein psychologisches Geschlecht kennt. Man sieht es an seinen Spielen und Verhaltensweisen, die ebenso Nachahmung wie Identifikation darstellen: Wenn ein Mädchen seine Füßchen in Mamas Pumps stellt, sieht man, dass es sie nachmacht und dass es ihr Geschlecht gewählt hat. Das Gleiche gilt für den Jungen, der so tut, als lenke er wie Papa ein Auto, und ebenso wie derselbe alle wüst beschimpft, die seine persönliche Straßenverkehrsordnung nicht beachten.

Später sorgt diese Geschlechterthematik dafür, dass Jungen und Mädchen Opposition auf unterschiedliche Weise zum Ausdruck bringen: Letztere sagen »nein« mit einem Lächeln auf den Lippen – nicht immer natürlich! –, Erstere schreiend. Schon in diesem Alter sind Jungen kämpferischer und widerspenstiger als Mädchen; eine Beobachtung, die sich immer wieder machen lässt. So ist die Enkopresis, das Einkoten, ein Zeichen für die Ablehnung von Sozialisierungsmaßnahmen, bei Jungen häufiger anzutreffen, ebenso wie Raufen, Fußtritte und Kopfnüsse und Beißen, während Mädchen eher zu Passivität, sozialem Rückzug, Somatisierung oder physischen Erkrankungen neigen.

Es folgt die ödipale Phase, die auf der Ebene des Imaginären mit Sicherheit die am stärksten geschlechtlich geprägte Phase unseres Lebens ist. Der kleine Junge findet, dass seine Mama die schönste Frau der Welt ist, das kleine Mädchen hält seinen Papa für den tollsten aller Männer, und alle beide empfinden für den Elternteil gleichen Geschlechts spürbare Aggressivität. Wichtig: Bei dem berühmten Komplex sind immer drei Personen beteiligt, nicht nur zwei. Jocaste hätte niemals eine inzestuöse Beziehung zu ihrem Sohn gehabt, wenn dieser nicht den Vater getötet hätte. Stellen wir außerdem fest, dass die ganze Geschichte nur passieren konnte, weil die Schäfer, die Ödipus aufnahmen, ihm das Geheimnis über seine Herkunft vorenthielten. Sicherlich ist das der Grund dafür, dass die Psychoanalytiker, zutiefst geprägt von der ödipalen Tragödie, Eltern immer den Rat geben, ihren Kindern sämtliche Familiengeheimnisse zu offenbaren!

Am Ende der ödipalen Phase wählt jedes Kind sein Geschlecht durch eindeutige Identifikation: Ich will sein wie Papa, genauso stark wie er, denken die Jungs; ich will sein wie Mama, genauso hübsch und nett, denken die Mädchen. Hier wäre es möglich, dass es zu einer vorzeitigen Entscheidung für die Homosexualität kommt: Wenn ein Junge ausschließlich Puppen will und nur mit Mädchen spielt, liegt der Gedanke an die Geschlechterwahl nahe. Gleichwohl darf man auf keinen Fall die Vorliebe für ein Spiel und bestimmte Spielzeuge mit der Lust am Verkleiden verwechseln. Wenn sich ein Junge hin und wieder als Frau, als Fee oder Hexe, verkleidet, tut das seiner normalen Aggressivität keinen Abbruch. Durch die Verkleidung mit ihrer karnevalistischen, überspitzten Note lassen sich die Grenzen von Geschlecht, Alter und Zeit überschreiten. (Man muss sich nur einmal beim Karneval in Venedig die alten Gecken anschauen, die sich glatte Masken mit spitzen Nasen aufsetzen, während die eigentlich doch hübschen Kapuzinerinnen alte, abgehalfterte Gräfinnen spielen.)

Ein wichtiger Punkt: Während der gesamten ödipalen Phase spielt sich die Sexualität auf psychologischer und imaginärer Ebene ab. Obwohl lebhaft, ist sie nicht geschlechtlich, mit Ausnahme der Masturbation, eine Besonderheit körperlicher Natur; es ist völlig normal, sich selbst zu befriedigen, um im Sinne des Körperschemas seinen Körper kennen zu lernen und über Hautreizung Erregung der Genitalorgane hervorzurufen. Dass für kleine Mädchen die Masturbation oft weiter weg liegt, liegt daran, dass das weibliche Geschlecht viel schwieriger zu erkunden und zu begreifen ist als das männliche, das sichtbar und leicht manipulierbar ist.

Wenn die Sexualität nach der ödipalen Erschließung – des Geschlechts, seiner Zugehörigkeit, seiner Identifizierung – erst einmal erobert ist, muss man sie auch schon wieder aufgeben. Es ist die so genannte Latenzperiode, in der man sich endlich neugierig und offen für alles interessieren kann, alle Arten von Wissen entdecken kann, vom Schreiben bis hin zur Mathematik, von Geografie zur Malerei. Die traditionellen monotheistischen Religionen, die sich des erstaunlichen Potenzials der Kinder bewusst sind, haben übrigens genau begriffen, dass sie in diesem Alter mit ihrer Lehre anfangen müssen.

Die Latenzperiode ist auch die Zeit, in der Mädchen nur noch mit Mädchen spielen und Jungen lieber unter sich bleiben und sich wie Jungs anziehen wollen. »Nieder mit den Mädchen«, skandieren sie im Pausenhof. »Jungs sind doof«, revanchieren sich die Mädchen.

Alles geht gut in der besten aller Welten, bis sich in der Adoleszenz die Sexualität wieder mit Macht zu Wort meldet und die Gedankenwelt bestimmt, diesmal jedoch mit ausgelebter Masturbation, die unmittelbare sexuelle, körperliche Lust hervorruft. Zu diesem Zeitpunkt durchläuft die Sexualität fast zwangsläufig eine Phase vorübergehender Bi- oder Homosexualität mit dem besten Freund oder der besten Freundin, auf den/die man sich projiziert, um die eigene Identität entwickeln und endlich die ersten echten Liebschaften erleben zu können. Die Mädchen sind gegenüber den Jungen in dieser Hinsicht im Vorteil: Die Menstruation ist das Zeichen für den Eintritt ins Erwachsenenalter. Alles wird getan, um ihre Sexualität zu organisieren und zu unterstützen: Aufklärung, Verhütungsmittel und so weiter. Als ob bei den Jungen alles automatisch und problemlos ablaufen würde, genießen sie bei weitem nicht die gleiche Aufmerksamkeit. Bei vorzeitiger Ejakulation oder Impotenz, die häufiger vorkommen, als man denkt, behalten sie ihre Ängste und Zweifel für sich. Während das »erste Mal« bei Mädchen immer noch hochstilisiert wird – hier darf niemand Geringeres als der Traumprinz ans Werk –, müssen die Jungen ohne Anleitung irgendwie durch. Für sie gilt das famose erste Mal höchstens als eine Art Initiationsritus, als Zeichen der Männlichkeit, vor allem in den Augen der Erwachsenen, die längst vergessen haben, welche Probleme sie selbst einmal damit hatten.

Dabei ist die erwachsene Sexualität entscheidend geprägt von der kindlichen. Das Streicheln, die Massagen, Liebkosungen und Gerüche unserer Eltern haben im frühkindlichen Stadium ein Gefühl der Erregung in uns ausgelöst, das wir als rudimentäre Spur zeit unseres Lebens in uns tragen. Dagegen vergessen wir alle sexuellen Manifestationen der Latenzperiode, von der Kindheit bis zum Beginn der Adoleszenz, die sich in unserer Fantasie abspielen.

Psychotherapie ist nicht alles im Leben

Angesichts der schrecklichen Erlebniswelten von Kindern und Eltern sind unsere analytischen Ansätze und Theorien nicht selten unzureichend. In solchen Fällen müssen wir Psychotherapeuten die klassischen Positionen in neuem Licht besehen und die ausgetretenen Pfade der Berufsroutine verlassen. Dabei begeben wir uns auf unbekanntes Gelände, das vermint sein kann. Es kann uns passieren, dass unsere vorgefassten Annahmen vor klinischen Realitäten einstürzen wie ein Kartenhaus und wir trotz bester Absichten unbeholfen wirken. Aber vielleicht ist es ja gerade das, was an der Psychotherapie am meisten fasziniert. Sie ist ein Weg, aber nie der einzige.

Grégory, der Prügelknabe

Grégory ist neun Jahre alt, als wir uns auf Bitten der Sozialfürsorgerin eines kleinen Dorfes in der Region Bouches-du-Rhône kennen lernen. Die Dorfgemeinschaft hatte ihn gemeldet, weil er um Nahrung bettelte und behauptete, seine Eltern würden ihn misshandeln. Seine Schwestern würden normal behandelt, so Grégory, aber er bekäme nichts zu essen und müsste in einer Besenkammer ohne Heizung und Strom auf einer Matratze ohne Laken und Decke schlafen.

Die Sozialfürsorgerin stellte entsetzt fest, dass der Kleine die Wahrheit sagte: Die beiden Schwestern sind wahrhaftige kleine Bilderbuchtöchter. Herausgeputzt und umsorgt, verachten sie ihren Bruder und überschütten ihn mit bösartigem Spott. Die Eltern reden sich damit heraus, dass der Junge ein Bettnässer sei und schlecht rieche, dass er absichtlich ins Bett mache und sie einfach keinen Nerv mehr hätten, dauernd die Laken zu wechseln, wo sie doch alles getan hätten, um ihn von dieser verwünschten Enurese zu heilen. An dieser Stelle sollte ich hinzufügen, dass besagte Eltern beim Sozialamt nicht unbekannt sind – allerdings weil sie selbst einmal Misshandlung angezeigt hatten, die einer ihrer Cousins durch einen gemeinsamen Onkel erdulden musste. Bizarr, etwas zu tun, was man selbst schon einmal den Behörden gemeldet hat.

Grégory kommt also zur Beobachtung auf die Station, einerseits damit er vor den Übergriffen seiner Eltern geschützt ist, andererseits damit die Folgen seiner physischen und psychischen Traumata diagnostiziert werden können. Er erweist sich als normal intelligent und zeigt offene Aggressivität gegen seine Schwestern, verständlich freilich angesichts dessen, was er erlebt hat.

Alsbald finden wir eine Pflegefamilie, die uns in jeder Hinsicht ideal erscheint. Der Vater ist Schreiner, die Mutter Grundschullehrerin, die beiden haben zwei Töchter. Die neue Familie ist wie ein Double seiner alten. Es soll eine vorübergehende Lösung sein, bis er vielleicht wieder nach Hause zurückkehren kann.

In der ersten Zeit kümmert sich der Pflegevater sehr um Grégory. Er richtet sein Zimmer ein, baut ein Hochbett, Regale und Spielsachen mit ihm. Die Mutter geht mit dem Kind das Schulprogramm durch, um Lücken zu schließen, die vor allem in Mathematik groß sind. Die beiden Mädchen, die auf die Ankunft des Jungen vorbereitet waren, nehmen ihn gut auf.

Doch bald verschlechtern sich die Dinge rapide. Auf einmal sind wiederholt die Fahrradreifen der Familie durchstochen, mit Ausnahme von Grégorys Rad, der jedoch jegliche Verantwortung bestreitet. Allerdings lässt sich nicht von der Hand weisen, dass gerade das Durchstechen von Reifen eine seiner bevorzugten Reaktionen auf die Spötteleien und Demütigungen seiner leiblichen Schwestern war. Die Pflegeeltern wissen im Grunde ihres Herzens, dass Grégory auf diese Weise nur seinen Schmerz loswerden will. Doch bei allem Verständnis sind sie bald überfordert durch das Verhalten des rebellischen Kindes. Der Junge schlägt und tyrannisiert die beiden Mädchen, die ihn unermüdlich in ihre Spiele mit einbeziehen wollen. Dann fängt er wieder an, ins Bett zu machen. Erst nachts. Schließlich auch tagsüber, zuerst in der Schule, just an dem Tag, als seine Pflegemutter in die Schule kommt, um mit der Lehrerin über seine Leistungen zu sprechen. Die unglücklichen Eltern sind mit den Nerven am Ende und vertrauen mir an: »Wir haben das Gefühl, versagt zu haben; wir sind kurz davor, ihn zu schlagen …«

Ich treffe mich daraufhin mit Grégory, der alle ihm vorgeworfenen Missetaten abstreitet. Da es einige Zeit später immer noch nicht so aussieht, als würde sich die Situation bessern, gibt es keine andere Lösung mehr, als ihn in ein Heim zu überweisen. Dort macht er keinerlei Probleme mehr. Anschließend zieht er in eine betreute Wohngemeinschaft mit Jugendlichen, um mit achtzehn schließlich einen selbst gewählten Beruf zu lernen: die Schreinerei.

Heute ist Grégory verheiratet und Vater zweier Kinder, zu denen er ein ausgezeichnetes Verhältnis hat.

Man kann sich fragen, warum Grégory so viel Mühe daran gesetzt hat, das Missfallen seiner Pflegefamilie zu erregen. Warum wollte er die Chance nicht nutzen, in einem friedlichen und liebevollen Heim aufzuwachsen? An dieser Stelle kann ich als Psychiater nicht umhin zuzugeben, dass ich einen Fehler gemacht habe, indem ich dieses Kind in eine »perfekte« Familie steckte. Es war für ihn wie ein unumstößliches Verdikt, nach dem Motto: »Schau, wie nett sie sind, da siehst du, wie schrecklich und böse deine eigenen Eltern sind.« Also setzte er alles daran, um auch diese Leute böse zu machen, weil er damit seine eigenen Eltern schützte, sie in gewisser Weise zu »ganz normalen Bösen« machte.

René Diatkine pflegte zu sagen: »Solange man den Ehrgeiz nicht aufgegeben hat, um jeden Preis heilen zu wollen, läuft man Gefahr, demjenigen böse zu sein, der sich nicht heilen lässt.« Auf meinen Fall übertragen, hieße das: Solange man den Ehrgeiz nicht aufgegeben hat, alles wieder vollkommen in Ordnung zu bringen, läuft man Gefahr, demjenigen böse zu sein, der seine Vorschläge zunichte macht. Grégory hat uns gezeigt, dass eine Trauerphase nötig ist, bevor man sich an eine Pflegefamilie anpassen kann.

Ich habe mich in meiner eigenen identifikatorischen Empathie verhaspelt und mich selbst für den Jungen gehalten – dabei weiß ich genau, wie gefährlich es ist, sich einem Patienten zu nahe zu fühlen. Und ich habe für ihn das getan, was ich mir für mich gewünscht hätte, wäre ich in derselben Lage gewesen. Ich hatte Unrecht. Wenn man die Familie verloren hat, braucht man nicht sofort wieder eine neue. Es ist dies ein essenzielles Problem, denn im aktuellen Fürsorge- und Sozialhilfesystem wird alles getan, um die Familienbindung aufrechtzuerhalten. Dabei muss man sie kappen, wenn man erkannt hat, dass diese Eltern eben nicht gut sind für dieses Kind, dass es beiden Seiten nur Schaden bringt, wenn sie zusammenbleiben.

Und statt sofort für neue Bindungen zu sorgen, muss man dem Kind erst einmal Zeit lassen zu realisieren, dass es eine Familie verloren hat.

Grégorys Geschichte ist interessant, weil sie zeigt, dass es entgegen anders lautender Thesen so etwas wie einen intergenerationellen Wiederholungszwang gar nicht gibt.

Ich hatte die große Ehre, einige Jahre mit einer Einrichtung in der Region Haut-Var zu arbeiten, die seit den vierziger Jahren Kinder aufnahm: Opfer von Misshandlungen und Hunger sowie Waisen des Zweiten Weltkriegs, die kein Zuhause mehr hatten. Sechshundert kleine Unglücksraben lebten in diesem Heim, das von drei Erzieherinnen geleitet wurde. Sie hatten den Kleinen ihr Leben gewidmet und boten ihnen nicht nur Nahrung, Unterkunft und Kleidung, sondern auch Schulbildung. Vierhundert dieser Kinder hielten die beiden noch lebenden Erzieherinnen noch auf dem Laufenden, als sie längst erwachsen waren. Was ist aus ihnen geworden? Haben sie die Misshandlungen wiederholt, die sie in ihrer Kindheit erlebten, über die Generationen hinweg? 93 Prozent von ihnen sind ausgezeichnete Eltern geworden und ebenso wundervolle Großeltern. Nur sieben Prozent haben an ihren Kindern die Misshandlungen wiederholt, deren Opfer sie selbst geworden waren. Dennoch werden mit dieser mageren Minderheit von sieben Prozent waghalsige Theorien über ein angebliches Wiederholungsphänomen genährt und gestützt.

Dabei besagt die einzige schlüssige Folgerung genau das Gegenteil: Eine unglückliche Kindheit macht es wahrscheinlicher, dass jemand ein guter Vater oder eine gute Mutter respektive ein guter Großvater oder eine gute Großmutter wird. Wenn man in der Kindheit etwas Schmerzliches, Traumatisches erlebt hat, tut man alles, um es nicht zu wiederholen, sondern versucht vielmehr, dem eigenen Kind ein Leben zu ermöglichen, das man selbst nicht hatte. Wie Grégory, der sich schwor, ein wunderbarer Papa zu werden, und das auch bewiesen hat.

Als ich kürzlich mit ihm über meinen Irrtum sprach, grinste er nur und sagte: »Sicher hast du es nur gut gemeint …« Er hatte die wahren Gründe für mein Verhalten verstanden.

Auf der Suche nach der Herkunft

Jérôme ist fünfzehn und sieht seinem Vater ziemlich ähnlich: gleiche Haltung, gleicher Gang, gleiche Frisur und zum Teil identische Ausdrucksweisen. Der Vater, ein Rechtsanwalt, ist ein gut aussehender Mann, während die Mutter weniger attraktiv ist und unscheinbar. Weil der Jugendliche ihr gegenüber große Aggressivität zeigt, hat sie auf eine Psychotherapie gedrängt. Und tatsächlich leidet ihr Sohn an einem starken Mangel an Selbstvertrauen, der dazu führt, dass er sich von seiner Umwelt isoliert. Außerdem hat er massive Schwierigkeiten in der Schule.

Gleich zu Beginn stellen die Eltern klar, dass sie Jérôme adoptiert haben, als er wenige Monate alt war. In seiner Anwesenheit erzählen sie vom üblichen Leidensweg mit unzähligen vergeblichen Versuchen künstlicher Befruchtung – ohne allerdings je zu präzisieren, wer von beiden, Vater oder Mutter, die Fruchtbarkeitsstörung hat. Augenscheinlich fällt es ihnen schwer, darüber zu reden.

Sie beteuern, dass die frühe Kindheit des Adoptivjungen unproblematisch verlief, berichten aber von schweren Schlafstörungen, die sie zwangen, ihn jahrelang abwechselnd mit in ihr Bett zu nehmen. (An diesem Punkt bin ich fast versucht, eine bündige Erklärung abzugeben: Eine sexuelle Störung des Paares wurde vom Kind wahrgenommen und ausgenutzt, indem es einen Platz in diesem letztlich wenig ehelichen Bett forderte.)

Jérôme sprach sehr früh, malte jedoch schlecht. Diese erste Schwachstelle, diese erste Schwierigkeit gibt den Eltern Rätsel auf. Von Adoptivkindern wird oft erwartet, dass sie perfekt sind, weil man davon ausgeht, dass Erziehung und Liebe jeden Makel in Sachen Herkunft ausgleichen. Es ist immer leichter, die Probleme der Kinder nachzuvollziehen, wenn man sich selbst in ihnen wiedererkennt. Adoptiveltern müssen also Schwächen hinnehmen, die auf unbekannte Erbinformationen zurückgehen, und das erschüttert ihren Glauben daran, dass die Liebe alles vermag.

Von Natur aus eher lebhaft, war Jérôme als Kind kaum im Zaum zu halten, und für die Lehrer seiner Privatschule war er von Anfang an eine echte Herausforderung. Der Vater musste mehrmals in die Elternsprechstunde, um Jérômes schlechtes Benehmen und seine schlechten Zensuren zu verteidigen und zu erreichen, dass er schließlich aufs Gymnasium gehen durfte. Schon in der fünften Klasse ließ der Schulleiter die Eltern kommen, um ihnen seine Bedenken im Hinblick auf Jérômes schulische Zukunft mitzuteilen, doch sie wollten nichts davon hören.

In der sechsten Klasse fing der Junge an, erhebliche Summen Geld zu stehlen, von seinen Eltern, aber auch von einigen ihrer Freunde. Die Beute setzte er in kindische Belanglosigkeiten um: zum Beispiel in Unmengen von Bonbons, die er an seine Schulkameraden verteilte, auch an solche, mit denen er gar nicht befreundet ist. Er stritt alles ab, doch sein Vater stellte ihm eine Falle, indem er einige Geldscheine markierte, um ihn zu überführen.

Jetzt schaltet sich die Mutter in das Gespräch ein, nachdem sie bislang eher schweigsam gewesen ist. Offenbar weit weniger optimistisch als ihr Mann, erzählt sie, dass Jérôme einige Tage vor unserem Termin von zu Hause weggelaufen ist, um bei einem Freund Unterschlupf zu finden. Zum Glück informierten dessen Eltern sie darüber, dass ihr Sohn bei ihnen war, und Jérôme kam wieder nach Hause.

An dieser Stelle sage ich den Eltern, dass ich bei Adoptivkindern häufig mit solchen Situationen konfrontiert werde. Es ist, als ob sie überprüfen wollten, dass sie geliebt werden und gut gelitten sind, ihrem provozierenden und aggressiven Verhalten zum Trotz. Auf diese Art und Weise bringen sie ihre Ängste im Hinblick auf eine möglicherweise fragwürdige Abstammung zum Ausdruck (»Bin ich vielleicht das Kind eines Diebes?«) und möchten testen, ob und wie ihre Liebe auf Gegenliebe stößt. Es ist, als ob die Adoptierten in der Adoleszenz den Grad ihrer Integration in die Familie und die Zuneigung messen wollten, die ihnen entgegengebracht wird – ganz gleich ob ihre Herkunft nun gut oder schlecht ist.

Seit einem Jahr baue ich in der Uniklinik von Timone eine Abteilung für Jugendliche im Alter von elf bis neunzehn auf und habe dabei gleich eine epidemiologische Überraschung erlebt: Ein Viertel der hospitalisierten Jugendlichen sind Adoptivkinder aus gehobenem soziokulturellen Milieu. Wir haben es hier also keineswegs mit vernachlässigten Sozialfällen zu tun, sondern vielmehr mit frühzeitigen Adoptionen von Eltern, die den Adoptionsprozess bewusst absolviert haben und den Regeln folgen, die sie von uns Psychiatern und Psychologen immer bekommen: die Wahrheit über die Adoption sagen, die Herkunft nicht verschweigen, Fragen nicht ausweichen. Trotz allem treten bei diesen Kindern in der Adoleszenz Verhaltensstörungen auf und erhebliche Aggressivität gegenüber den vermeintlich perfekten Adoptiveltern. Indem sie »von der Norm abweichen«, entfernen sich die Kinder von dem Vorbild ihrer Adoptiveltern. Indem sie die Schule vernachlässigen, verbauen sie sich selbst – absichtlich – die Möglichkeit, denselben Beruf einzuschlagen wie sie, meist eine angesehene Tätigkeit wie Rechtsanwalt, Universitätsprofessor oder eine Freiberuflerkarriere. Damit zeigen sie ihren Eltern, dass sie nicht das sind, was diese sich gewünscht haben. Sie pervertieren die Familienbeziehung, indem sie ihr eigenes Versagen den Genen zuschreiben, dem anhaltenden schädlichen Einfluss ihrer Herkunftseltern, die sie einstmals im Stich gelassen haben. Man muss jedoch auch einräumen, dass gute Adoptiveltern nicht unbedingt immer gute Adoptivkinder hervorbringen. Außerdem gibt es keinen Grund anzunehmen, es käme bei adoptierten Heranwachsenden nicht zu Brüchen in der Adoleszenz. Wie leibliche Kinder müssen auch sie sich abnabeln, doch bei ihren Eltern können in dieser Phase schreckliche Schuldgefühle auftreten. Die Vorstellung zum Beispiel, ihr Kind in ein Internat zu geben, ist für sie, als würden sie es nun ihrerseits im Stich lassen, ein zweites Mal. Dabei kann gerade eine Phase der Trennung sehr hilfreich sein, um die Dinge wieder anzustoßen, sobald die Spannungen der pubertären Krisen erst einmal nachgelassen haben. Diese Erfahrung legt den Gedanken nahe, dass es nicht genügt, frühzeitig ein Baby zu adoptieren, um Eltern zu werden. Zu Eltern reift man erst, wenn man mit den Problemen der Adoleszenz konfrontiert wird.

Der formale Ablauf meiner Beratungen ist immer der gleiche: Anfangs empfange ich die ganze Familie zusammen. Ich bitte die Eltern, ihren Standpunkt zu erläutern, in Anwesenheit des Jugendlichen, der sich gewöhnlich in feindseliges Schweigen hüllt, um zu demonstrieren, dass er ja gar nicht hat herkommen wollen. In einer zweiten Phase schicke ich die Eltern hinaus, um mit dem Jugendlichen allein zu bleiben. Für die Gespräche gelten zwei Grundsätze: Verschwiegenheit und Respekt gegenüber den Eltern. Der erste garantiert dem Jugendlichen, dass alles, was hier gesprochen wird, unter uns bleibt. Nur so lässt sich Vertrauen aufbauen. Der zweite zwingt mich dazu, mich nicht der Kritik der Jugendlichen an ihren Eltern anzuschließen. Ich darf mich keinesfalls zu ihrem Verbündeten oder Komplizen machen, nach dem Motto: »Ich verstehe dich, ich weiß gar nicht, wie du das aushältst, die sind wirklich unerträglich …« Es würde mir nicht etwa die Gunst meiner jungen Patienten einbringen, sondern im Gegenteil sogar ihr Misstrauen wecken, weil sie selber nie wirklich hundertprozentig von dem überzeugt sind, was sie voller Inbrunst hinausposaunen mögen.

In einer dritten Phase schließlich lasse ich die Eltern wieder teilnehmen, um ihnen eine Therapie vorzuschlagen. Jetzt fällt auf, dass der Jugendliche, nachdem er sich anfangs hinter Schweigen und Opposition verschanzt hat, praktisch nicht mehr aufhört zu reden. Meine therapeutischen Vorschläge beziehen sich übrigens immer nur auf das Kind oder den Jugendlichen. Es kann sein, dass ich nach einiger Zeit den Eltern rate, selbst etwas zu unternehmen, aber nur wenn sie mich zuvor darauf angesprochen haben. Familientherapie gehört nicht zu meiner Ausbildung, deshalb kann ich sie nicht korrekt und präzise anwenden; gleichwohl lade ich Eltern und Kind alle drei bis sechs Monate ein, um gemeinsam Bilanz zu ziehen.

Wenn Jérôme allein mit mir ist, zeigt er sich besonders feindselig und wenig kooperativ. Er ist misstrauisch und glaubt fest, dass ich viel mehr weiß als das, was mir seine Eltern in seiner Anwesenheit erzählt haben. Er schimpft immer noch über seine Mutter, weil sie sich im Freundeskreis nach einem Psychiater umgehört hat. Er ist überzeugt, dass das alles nichts bringen wird. Als ich ihn frage, warum er so aggressiv ist, scheint er höchst irritiert und fragt aufgeregt zurück: »Hat mein Vater Ihnen das denn nicht erklärt?« Sofort schwirrt mir eine Unzahl von Hypothesen um alle denkbaren Möglichkeiten durch den Kopf: Wollen sich seine Eltern trennen? Weiß Jérôme etwas über eine Liebesaffäre seines Vaters? Hat ihn seine Mutter wegen seiner Diebereien verpetzt? Ist sie depressiv? Keine dieser Vermutungen wird sich als richtig erweisen. Im Augenblick jedoch weigert sich Jérôme, über dieses Thema zu sprechen. Stattdessen erzählt er von seiner Isolierung und seinem Mangel an Selbstvertrauen.

Paradoxerweise ist er damit einverstanden, mich wiederzusehen, und kommt über zwei Jahre regelmäßig einmal die Woche zu mir. Unsere Gespräche sind schwierig, weil er sich weigert, über das Problem seines schulischen Versagens zu reden. Er ist impulsiv, die Handlung überlagert bei ihm das Denken, das wenig strukturiert ist. Vereinfacht gesagt: Jérôme handelt, weil er nicht nachdenkt. Er hat gar keine Gelegenheit zum Nachdenken, weil er immerzu aggressiv ist. Beim Eintreten schlägt er die Türen, manchmal bricht er abrupt die Sitzung ab. Es kommt mir vor, als ob er nicht in der Lage wäre, sich von den brutalen Umständen seiner Herkunft zu lösen. Denn es ist in der Tat eine brutale Geschichte, die ihm seine Eltern erzählt haben, schmerzlich zu hören und schwer vorstellbar.

Um ehrlich zu sein, tappe ich bei Verstehen und Deutung des Verhaltens dieses jungen Mannes ein wenig im Dunkeln. Bis mir eines Tages der Vater die unglaubliche Eröffnung macht:

»Ich habe meinem Sohn immer gesagt, ich sei sein richtiger Vater. Ich hätte ihn mit einer Prostituierten gezeugt, dann hätten ihn meine Frau und ich adoptiert.«

Eine wahrhaft umwerfende Enthüllung, die gleichwohl endlich Licht auf Jérômes Probleme wirft. Der Vater hat also seinen Sohn belogen und ihm auch noch eingebläut, mit niemandem über das »Geheimnis« zu reden, vor allem nicht mit der Mutter. Und wozu das alles? Um seine Zeugungsunfähigkeit zu verbergen. Denn wenn dieses Kind sein eigenes ist, kann er nicht unfruchtbar sein und natürlich auch nicht impotent. Was für eine Idiotie, Sterilität und Impotenz in einen Topf zu werfen! Dabei kann man ebenso gut steril und potent wie fruchtbar und impotent sein. Fakt ist also, dass der Vater steril, vor allem aber ein Lügner ist und infolge seiner eigenen Störung – nämlich der Unfähigkeit, seine Sterilität zuzugeben – seinen Sohn in eine Aggressivität der Mutter gegenüber treibt, die dem Kind doppelt schlecht erscheinen muss: erstens weil sie unfruchtbar ist und zweitens weil sie ein Kind zu ihrem gemacht hat, das ihr Mann mit einer anderen gezeugt hat. Nachdem das Bild von der Mutter derartig beschädigt ist, kann sich Jérôme nur noch mit dem Vater identifizieren. Aber mit solch einem wackligen Konzept kann man sich nicht entwickeln. Denn für die Entwicklung der eigenen Identität braucht man Vorbilder, mit denen man sich identifizieren kann, und zwar nicht nur eines vom selben Geschlecht, sondern auch eines vom anderen Geschlecht. Ob Junge oder Mädchen, ein Kind muss sich bei Vater und Mutter Dinge abgucken, um sich selbst zu einer einzigartigen und besonderen Person, eben zu einem vollständigen Menschen, entwickeln zu können. Wenn einer der Elternteile schwach ist, klammert es sich an das Bild des anderen und idealisiert ihn. Genau das ist bei Jérôme der Fall. Aufgrund der Lüge seines Vaters existiert die Mutter für ihn praktisch nicht. Erschwerend kommt hinzu, dass der Vater gutaussehend und klug ist und die Mutter eher grau und wenig begehrenswert. Der Vater scheint also das ideale Vorbild.

Aber hier ist Vorsicht geboten: Es gibt für ein Kind nichts Schlimmeres als ideale Eltern! Stellt sich nun die Frage, was überhaupt ein guter Elternteil ist. Ein in jeder Hinsicht perfektes Wesen, das man nie einholen, geschweige denn überflügeln kann? Oder ein Mensch mit Grenzen und Unzulänglichkeiten, an dem man auch Schwachstellen wahrnimmt?

Eltern mögen beruhigt sein: In der Anfangszeit werden sie auf jeden Fall perfekt sein in den Augen ihrer Kleinen, die in ihnen Wunderwesen sehen, die über Kräfte verfügen, die ihnen fehlen. Doch in der Adoleszenz, wenn sie ihr eigenes Leben entdecken und sich als autonome Personen bestätigen, müssen diese idealisierten Bilder aus der Kindheit zerstört werden. Wenn sie aber »unantastbar« sind, kann der/die Heranwachsende kein eigenes Selbst entwickeln und bleibt mit den Eltern verschmolzen, homosexuell mit dem gleichgeschlechtlichen Elternteil, inzestuös mit dem anderen.

Ein Wort noch zum Thema Identifikation: Kinder haben normalerweise die seltsame Eigenart, sich bevorzugt mit dem schwächeren Elternteil zu identifizieren. Mit dem, der sie in der ödipalen Phase im Alter zwischen drei und sechs am meisten erotisch anspricht: »Mama ist schwach, ich will ihr näher sein ...«, »Papa ist schwach, ich will ihm näher sein ...« Je schwächer der Elternteil ist, desto eher braucht er das Kind, zumindest glauben das die Kleinen. Erstaunlich bei Jérôme ist, dass er sich massiv mit dem Vater identifiziert, als ob er die Schwäche spürt, die dieser zu verbergen versucht.

Jérôme hat von seinem Vater ein so stark idealisiertes Bild, dass er ihm gegenüber nicht aggressiv sein kann. Weil er aber trotz allem den für die Adoleszenz typischen Trieben der systematischen Zweifel unterliegt, richtet er die Aggression gegen sich selbst. Er merkt sehr wohl, dass an der Geschichte, die man ihm erzählt, irgendetwas faul ist, erlaubt sich aber nicht, seinen Vater in Frage zu stellen, weil er nicht riskieren will, das Vertrauen in ihn zu verlieren.

Indem er stiehlt, hält er sich in gewisser Weise schadlos. Sein Diebstahl hat zwei Aspekte. Zum einen ist es eine ödipale, regressive Handlung: »Ich stehle, was euch gehört und nicht mir, um mir die Herkunft anzueignen, die ebenfalls nicht meine ist.« Zum anderen steckt dahinter der Wille, eine Allmacht zu brechen: »Ich bestehle dich, also mache ich dich kaputt, ich zerstöre dich …«

Stehlen ist ein Delikt, der Dieb ein Gesetzloser. Wenn man einen Anwalt zum Vater hat, verschärft das natürlich die Provokation. Bei einem Lehrer oder einer Lehrerin als Elternteil sind schulische Probleme besonders günstig. Wenn einer der Elternteile Psychiater ist, dann ist eine Depression keine schlechte Wahl. Das Schlimme ist, dass so etwas durchaus häufig vorkommt, als ob die Jugendlichen ihre Störungen danach entwickelten, was sie bei den Eltern sehen, nach dem Motto: »Es tut dir umso mehr weh, wenn ich da drücke, wo du es am wenigsten ertragen kannst.« Das mag seltsam erscheinen, aber im Grunde ist es das Normalste der Welt, weil Jugendliche ihre Opposition da ansetzen, wo die Widersprüche am größten sind.

Lange Zeit hatte ich das Gefühl, mit Jérôme auf der Stelle zu treten. Die Eltern indessen versicherten mir, dass es ihm im Alltag wesentlich besser zu gehen schien. Das zeigt wieder einmal, dass der Patient sich manchmal mehr vorwärts bewegt als der Psychotherapeut. Der Patient muss ihm helfen zu begreifen, dass er sich weiterentwickelt hat, sonst läuft der Psychiater Gefahr, die Sache in die Länge zu ziehen. Diese Art von Diskrepanz zwischen dem, was wir wahrnehmen und was die Eltern erleben, kommt häufig vor. Es ist, als ob schon allein die Formulierung und Erkennung des Problems genügte, um für Kind und Eltern die Bürde des Alltags zu erleichtern. Der Psychiater dagegen befasst sich vor allem mit der Therapie selbst. Er ist so beschäftigt damit durchzuhalten, Kurs zu halten, dass er oft gar nicht bemerkt, wenn sich ein Silberstreif am Horizont zeigt.

Ich weiß nicht, was aus Jérôme geworden ist. Den neuesten Hypothesen zufolge dürfte er es mit seiner Vergangenheit schwer haben, sich eine Zukunft aufzubauen. Aber man sollte sich mit solchen dramatischen Prognosen vorsehen, denn bei Kindern und Jugendlichen ist mehr noch als bei Erwachsenen alles offen, alles möglich. Niemand weiß genau, was in ihrem Leben passieren kann und wer imstande ist, ihnen das Ruder ihres Schicksals wieder in die Hand zu geben. Es können Begegnungen sein, der beste Freund/die beste Freundin, eine Liebesbeziehung, Sport, Schule oder Beruf. Zum Glück gibt es nicht nur die Psychotherapie, die hier Auswege bietet. Sie erhebt keinen Absolutheitsanspruch auf die Entwicklung von Menschen, das darf sie gar nicht. Das sollte uns, die Erforscher des Unbewussten, zu mehr Demut ermahnen, wenn wir wieder einmal der Versuchung schöpferischer Allmacht zu erliegen drohen.

Der beste Pâtissier Frankreichs

Da ich von Demut sprach – hier habe ich ein Beispiel, das zum Nachdenken anregt.

Marc ist sechs Jahre alt und hat in der zweiten Klasse Grundschule massive Probleme. Er zerfetzt seine Hefte, wirft sie zu Boden, weint, läuft aus dem Klassenzimmer … Eine Untersuchung ergibt jedoch eine hohe Intelligenz: Er gehört zu den zehn Prozent der Kinder, deren IQ über 130 liegt.

Außerdem nässt Marc ein, und das auf eine ungewöhnliche Weise: Jede Nacht macht er Pipi, aber nicht einfach in seine Laken, sondern direkt auf den Bettrost. Zwar beteuert er immer wieder, dass er es nicht absichtlich tue, ja gar nicht merke, weil er schlafe, aber es fällt schwer, ihm zu glauben. In dieser Handlung liegt viel Provokation und Aggression gegenüber den Eltern, die inzwischen ein wenig frustriert sind. Von ihren anderen Kindern kennen sie solche Eskapaden nicht und scheinen ziemlich am Ende ihrer Kräfte angesichts des Verhaltens ihres Sohnes.

Am Ende der ersten Beratung schlage ich vor, Marc in die Tagesklinik zu schicken. Die Eltern haben keine Einwände.

Zu dieser Zeit werden in die Tagesklinik »normale« Kinder aufgenommen, also solche, die normal intelligent sind, aber dennoch schulische Probleme haben. Sie gehen extern in die Schule und kommen abends zurück auf die Station, um hier zu übernachten. Wir arbeiten mit zwei Lehrern zusammen, die jeweils ein Spezialistenteam leiten. Erzieher, Spezialisten für Psychomotorik und Logopäden betreuen Kleingruppen aus sechs bis sieben Kindern. Unsere Hoffnung ist es, sie dank dieser Integrationshilfe wieder für die normale Schule fit zu machen. Am Rande bemerkt: Zu Beginn dieses Experiments – 1976, also noch bevor das Gesetz zur Integration von Behinderten* voll umgesetzt war – hatte man unserer merkwürdigen kleinen Klasse zunächst eine Besenkammer zugewiesen, bis die Leitung uns ein richtiges Klassenzimmer einrichten ließ; ein Beweis für die gute Einbindung des Psychiaterteams in die Schule.

Marc bleibt drei Jahre, die gleichwohl keinerlei Veränderung bringen. Er verweigert immer noch jegliche Schulbildung, kann weder lesen noch schreiben, noch rechnen. Und jede Nacht hebt er weiterhin die Matratze, um Pipi auf den Bettrost zu machen, den wir regelmäßig austauschen müssen.

Da wir nicht umhin können, diesen Fall als Misserfolg zu verbuchen, strecken wir die Waffen und schlagen vor, Marc in eine Einrichtung für normal intelligente Kinder mit Schulproblemen zu schicken.

* In Frankreich wurde bereits 1975 ein Gesetz zur Integration von Behinderten in die Schule verabschiedet. In Deutschland wurde 1994 der Gleichberechtigungsartikel 3 des Grundgesetzes auf Behinderungen erweitert. Bislang gibt es jedoch noch keine bundeseinheitliche Gesetzgebung. (Anm. d. Übers.)

Erste Lehre aus diesem Fall: Der kluge kleine Kerl hat sofort unsere Sympathie geweckt. Im Stillen hielten wir seine Eltern für unfähig. Als wir ihn dann aber selbst Tag für Tag zu betreuen hatten, mussten wir schnell feststellen, dass wir es auch nicht besser konnten als sie.

Marc verbringt drei weitere Jahre in der Einrichtung, die wir empfohlen haben. Bestenfalls könnte man sagen, die Situation hat sich nicht gebessert: Mit seinen zwölf Jahren schert er sich um nichts. Er ist aggressiv, ist bereits mehrmals weggelaufen und hat Drogenprobleme. Genauer gesagt, er raucht Haschisch, was häufig mit Aggressivität, Ausreißen, Schulproblemen und Schlaflosigkeit einhergeht. Das bedeutet nicht, dass der Konsum von Haschisch diese Probleme hervorruft; es ist nur oft so, dass er sich den bereits vorhandenen hinzugesellt. Häufig bringen Eltern ihr halbwüchsiges Kind zu mir, nachdem es ihnen gebeichtet hat, dass es abends an einem Joint gezogen hat. Und meist sage ich ihnen, dass die Beratung in dem Moment zu Ende ist, wo der Jugendliche zugibt, »was geraucht« zu haben. Man darf auf keinen Fall das samstagabendliche Pfeifchen in der Gruppe – das einem Initiationsritus gleichkommt – mit täglichem Konsum verwechseln. In diesem Fall nimmt das Haschisch den Platz von Medikamenten ein und wird verwendet wie ein Tranquilizer, ohne den das Subjekt nicht mehr funktionieren kann. Erst das Haschisch, auf das man fixiert ist, ist eine Droge. Das Haschisch, das man sich an einem Abend mit Freunden zuführt, ist eine Übertretung, die sich in nichts vom Salon-Alkoholismus der Eltern unterscheidet.

Kommen wir auf Marc zurück. Er verhält sich so, dass auch die Leitung der Einrichtung beschließt, sich von ihm zu trennen. Auf diese Weise verlieren wir jede Spur dieses Kindes, das offensichtlich unzugänglich für jede Art von psychologischer oder schulischer Unterstützung ist.

Das Ende der Geschichte? Nein.

Einige Jahre später bin ich mit dem Taxi unterwegs zur Uniklinik von Timone, um den kleinen Michel zu besuchen, von dem ich schon erzählt habe. An einer Ampel auf der Höhe des Boulevard Baille schaue ich durch das offene Fenster in den vom Mistral blank gefegten Himmel, als ein Konditor im Arbeitskittel aus seinem Laden gelaufen kommt, auf das Autodach klopft und ruft:

»Rufo, warte kurz, ich habe ein Geschenk für dich!«

Trotz der Jahre, die einen jungen Erwachsenen aus ihm gemacht haben, erkenne ich Marc sofort wieder. Ich steige aus und bedeute dem perplexen Chauffeur zu warten, weil dies ein therapeutischer Notfall sei. Schimpfend fügt er sich und beschwichtigt die wild hupenden Autofahrer hinter uns mit einem Hinweis auf mich: »Nur keinen Aufstand, mit dem ist nicht zu spaßen!«

Marc macht dem Tumult ein Ende, indem er eine herrliche Apfel-Tarte auf das Autodach stellt und sagt:

»Die habe ich gemacht, ich schenke sie dir. Ich bin nämlich der beste Kuchenbäcker Frankreichs.«

Er hätte mir den leckeren Kuchen auch ins Gesicht klatschen können, um mir für meine »guten Dienste« in der Vergangenheit zu danken. Stattdessen hat er ihn mir geschenkt, ganz glücklich darüber, mir zeigen zu können, dass er erfolgreich war, wo ich versagt habe.

Zweite Lehre aus diesem Fall: Wir waren Marc dort am nützlichsten, wo wir ihn in Ruhe gelassen haben, wo er seinen Weg verfolgen konnte, ohne dass wir uns einmischten. Die Begegnung mit einem Pâtissier hat ihm viel mehr gebracht als die Begegnung mit mir, dem Psychiater. Berufliches Engagement kann einem Menschen beim Kampf gegen seine Verunsicherung helfen, denn er findet damit auch jenseits von therapeutischen Sitzungen etwas, das ihm bei Identitätsentwicklung und Stabilisierung hilft.

Ich habe den Kuchen dankend angenommen und Marc beglückwünscht. Ich habe keine Fragen gestellt und weiß weiter nichts von ihm. Es war einfach eine schöne und lehrreiche Begegnung. Sie hat mir gezeigt, dass auch die Menschen, die in der Psychiatrie als gescheiterte Fälle gelten, sich selber neue Quellen der Heilung erschließen können.

Etwas an dieser Deutung sollte mir indessen zu denken geben. Dass mir ein Apfelkuchen mein Versagen bewusst macht, deutet vor allem darauf hin, dass ich einen oralen Charakter habe. Freud hat die Entwicklung des Kindes in drei Phasen eingeteilt: die orale, die anale und die ödipale Phase beziehungsweise das phallische Stadium. Die orale Phase ist zweifellos die archaischste; ob Muttermilch oder Fläschchen, alles wird verschlungen, man verwechselt ein wenig drinnen und draußen, bevor die oralsadistische Phase beginnt, die der Gegenstände, durch die man die Welt entdeckt, indem man hineinbeißt oder sie kaputt macht: Wenn man in ein Objekt beißen kann, heißt das, dass es vom eigenen Selbst verschieden ist. Dass ich an dieser alten psychologischen Organisation festhalte, die so wunderbar zu mir passt, liegt sicherlich nicht zuletzt an meiner ligurischen Herkunft und der guten Küche meiner Großmutter und meiner Mutter.

Die wahre Lüge

Sie ist Oberschwester in der Klinik, in der ich praktiziere. Eines Tages kommt sie unbefangen zu mir in die Sprechstunde und fragt ohne Umschweife: »Mein Sohn fragt mich, wer sein Vater ist. Was soll ich ihm antworten?« Meine Gegenfrage ist nicht minder direkt: »Bin ich es etwa?«

Schon habe ich die empörten Stimmen der Hüter der reinen Lehre der Psychoanalyse im Ohr, die mich für diesen Spruch rügen, aber das nehme ich auf mich. Es ist nichts weiter als ein Spiel zwischen ihr und mir, eine Art und Weise zu zeigen, dass man auch in der Psychotherapie Humor zeigen darf, selbst bei besonders schweren oder traurigen Fällen. Und diese Frau berührt mich eben, wozu sollte ich mich dagegen wehren?

Nichtsdestotrotz lenke ich ein: »Könnten Sie mir denn sagen, wer der Vater ist?« Sie beginnt zu lächeln, doch mit einem Schlag ist ihre überlegene Fassade dahin. Sie erzählt mir ihre Geschichte.

»Ich war 15 und lebte in einem Heim, weil ich mehrmals von zu Hause weggelaufen war und Probleme in der Beziehung zu meiner Familie hatte. Wir durften ausgehen, mussten aber spätestens um 22 Uhr zurück sein. Einmal war ich im Estaque-Viertel unterwegs, da fiel mir auf, dass ich schon viel zu spät dran war. Ich hielt ein Taxi an und erklärte dem Fahrer meine Lage: Ich wollte, dass er mich nach Hause fuhr, hatte aber kein Geld. Er nickte grinsend, ohne etwas zu sagen … Schließlich bog er in eine Seitenstraße ein, hielt und zwang mich zum Geschlechtsverkehr als Bezahlung für die Fahrt. Es ging alles sehr schnell. Beschämt und beschmutzt kam ich im Heim an, unfähig, mit irgendjemandem über das zu reden, was mir passiert war.

Ich merkte schnell, dass ich schwanger war. Bis zum sechsten Monat konnte ich es verbergen. Dann kam ich in ein spezielles Heim, wo ich meinen Sohn zur Welt brachte …«

Die schmerzvolle Begebenheit hinderte sie gleichwohl nicht daran, eine Ausbildung zu machen und mit Bravour die Krankenpflegeschule zu absolvieren, der sie ihre heutige Stelle verdankt. Inzwischen macht sie eine Weiterbildung zur Krankenhausleiterin.

Ich bitte sie, mir von ihrem Sohn zu erzählen. »Er ist die Frucht einer Vergewaltigung, aber ich liebe ihn. Er hat wunderschöne blonde Haare und blaue Augen wie ich. Er ist ein hübscher Junge, sportlich und gut erzogen.«

Und was sagt sie ihm, wenn er, wie alle Kinder, wissen will, wer sein Vater ist?

»Ich belüge ihn«, erwidert sie verlegen wie ein kleines Mädchen, das auf frischer Tat ertappt wurde.

Und mit was für einer schönen Lüge! Einen hundsgemeinen Akt hat sie zum Märchen ausgeschmückt und das lautet so: Mit fünfzehn traf sie einen schönen jungen Mann mit blondem Haar, einen Deutschschweizer, der aus dem Gefängnis ausgebrochen war und in Marseille auf eine Gelegenheit wartete, nach Lorient zu kommen. Sie lebten fünf Monate zusammen in einer kleinen Wohnung am alten Hafen, die einem Matrosen der Handelsmarine gehörte. Ihr schöner Freund bat sie, mit ihm nach Katmandu zu kommen. Doch sie zögerte zu lange, da fuhr er ohne sie, ohne jemals zu erfahren, dass sie ein Kind von ihm erwartete. Sie hat ihn nie wieder gesehen.

Eine herrliche Romanze, die sie ihrem Sohn von Anfang an aufgetischt hat. Es ist die Geschichte, die sie selbst gerne erlebt hätte, aber nicht erlebt hat. Nichts scheint mir zufällig in dieser Story, die die Wirklichkeit neu erfindet: der junge Mann auf der Flucht, das ist sie, der Handelsmatrose ist der Heimleiter, der ihr ein Dach über dem Kopf gab, und Katmandu steht für ihren Traum … Diese schöne Lüge scheint mir wesentlich geeigneter für die psychologische Entwicklung ihres Sohnes als die Wahrheit in ihrer Brutalität.

Natürlich gibt es eine – nicht zu Ende gedachte – Theorie, die mit fundamentalistischer Sturheit verlangt, den Kindern über ihre Herkunft die Wahrheit zu sagen und nichts als die Wahrheit. »Du bist ein Findelkind«, »Du wurdest adoptiert«, »Du bist durch künstliche Befruchtung gezeugt …«

Für seine Identitätsentwicklung erfindet das Kind einen so genannten Familienroman. Der Ausdruck ist in psychologischer und psychopathologischer Hinsicht sehr bedeutsam. Freud hat ihn in einem Artikel beschrieben, der in einer Textsammlung mehrerer Autoren erschienen ist. Er erläutert darin, dass der Familienroman im Alter von fünf bis sechs Jahren auftritt. Das Kind beginnt, sich seine Geschichte zu erdichten, indem es seine gewöhnliche biologische Herkunft romanesk verbrämt, etwa mit einer Adoption. Die Mutter bleibe dabei sicher, so Freud, nur der Vater sei ungewiss. Ersterer wird also ein Ehebruch angedichtet, jedoch nicht mit irgendwem: Bei dem Geliebten handelt es sich ausschließlich oder fast immer um einen König oder einen Prinzen. Das Kind versucht, sich damit einzureden, dass es nicht von seinem realen, gewöhnlichen und mittelmäßigen Vater stammt, sondern Spross einer wunderbaren Liebesgeschichte ist. Ein weiterer Vorteil: Es hat dadurch ein Mittel, um mit der Geschwisterrivalität zurechtzukommen, denn in seiner Fantasie ist es gar nicht der echte Bruder oder die echte Schwester der anderen, mit denen es Probleme hat.

Der Familienroman ermöglicht Reinigung, Maskierung und Idealisierung der Elternbilder, die umfassender und komplexer sind als die einfachen Bilder der ödipalen Phase. Und er bleibt über die Entwicklungsphasen hinweg bestehen. In der Adoleszenz betreffen bestimmte Konflikte weniger die realen Eltern als vielmehr die Bilder, die sich die Kinder von ihnen gemacht haben. Der/die Jugendliche wirft ihnen nicht vor, dass sie sind, was sie sind, sondern dass sie nicht so sind, wie er/sie dachte, dass sie wären. Anders ausgedrückt, er/sie macht ihnen Vorwürfe, die mit der Wirklichkeit gar nichts zu tun haben. Das ist der Grund, warum Eltern in gutem Glauben allzu oft die Wünsche und Klagen ihrer Halbwüchsigen überhaupt nicht begreifen; diese müssen das magische Gedankengebäude aufgeben, das ihnen bei ihrer Identitätsentwicklung geholfen hat.

Unbedingt zu beachten dabei ist: Der Familienroman

ist nicht die wahre Geschichte der Familie. Er ist persönlich, intim und dicht. Ungeachtet dessen, was die Eltern vermitteln, strickt sich jeder seinen eigenen Traum, eine Idealvorstellung der Familie, die immer wieder erneuert und doch niemals wahr wird. Auf diese Weise erfinden unsere Kinder ihren eigenen Familienroman, obwohl wir sie eigentlich in die Welt gesetzt haben, damit sie den unseren fortsetzen. Es ist eine ganz besondere Arithmetik, die hin und wieder ziemlich desillusionierend wirkt. Andererseits hat sie den Vorteil, dass sie uns darauf vorbereitet, selbst Eltern zu werden, bessere Eltern, als unsere es waren. Zwar stellt man auch in der Fantasiewelt des Familienromans irgendwann fest, dass die Mutter gar nicht so verkehrt war und der Vater auch nicht. Aber man würde es niemals zugeben und hält weiterhin an dem Glauben fest, selber besser zu sein.

Das Thema des Familienromans dient übrigens als Basis für die überwiegende Mehrheit der Kindermärchen: Es geht immer um Könige und Königinnen, die sich eines armen Schluckers annehmen und ihm am Ende auf den Thron verhelfen. Wir sollten als Erwachsene diese kindliche Faszination nicht belächeln. Der Familienroman hinterlässt tiefe Spuren in unserem Leben und illustriert anschaulich ein Phänomen, das ich das »Grimaldi-Symptom« nenne. Warum sind wir so fasziniert von dieser Familie, dass wir über alles Bescheid wissen möchten, was ihnen widerfährt? Das kleine Fürstentum hat keinerlei reale Bedeutung, aber es verkörpert eine fantasmatische und fantasmagorische Projektion des Familienromans. Ein einsamer Prinz auf einem Felsen, eine schöne Schauspielerin, berühmt, aber ohne Namen, die seine Frau wird, Töchter mit mehr als turbulenten Biografien, ein geheimnisumwitterter Sohn, ein tragischer Tod ... Es scheint mir Beweis genug dafür, dass wir Prinzen und Prinzessinnen brauchen, um unsere eigene Familiengeschichte erträumen zu können.

Es liegt im Wesentlichen an ihrem Familienroman, dass ich die Lüge dieser Mutter im Hinblick auf die Zukunft ihres Sohnes nicht für riskant halte. Die einzige echte Gefahr an dieser Geschichte ist die Wirklichkeit der Vergewaltigung, denn der gewalttätige Akt impliziert immer, dass das daraus entstandene Kind ungewollt ist. Doch in diesem Fall ist die Mutter-Kind-Beziehung ausgezeichnet. Die Frau liebt ihr Kind, vollkommen ungeachtet dessen, wie es gezeugt wurde. In gewisser Weise hat sie also vollkommen Recht, ihren Sohn anzulügen. Sie erfindet nur den Vater, den sie ohnehin für ihn ausgesucht hätte.

Vielleicht wird sie ihm eines Tages von dem kurzen Augenblick der Verunsicherung in ihrem Leben erzählen. Im Vordergrund wird aber immer etwas anderes stehen, nämlich dass ihr Leben durch ihn eine enorme Bereicherung erfahren hat.

Hier sollten die Psychiater aufmerken: Statt den Eltern immer einzubläuen, ihren Kindern die Wahrheit über ihre Herkunft zu sagen, sollten sie sie lieber fragen, ob sie überhaupt bereit dazu sind und ob sie sich bewusst sind, welche Folgen diese Offenbarung für die Entwicklung des Kindes haben kann.

Nein, nicht jede Wahrheit muss immer gesagt werden,

und Lügen gehört zu einer gesunden psychischen Entwicklung. Wenn ein Knirps von sechzehn Monaten die Wirklichkeit abzuwandeln beginnt, wird das als ein Fortschritt seines Seelenlebens betrachtet. Warum wird dann die Lüge immer und in jedem Fall als Makel angesehen?

Ich habe der Frau also meinen Segen gegeben oder sie doch zumindest ermuntert, ihren Sohn weiterhin in Unkenntnis zu lassen. Als ich sie einige Zeit später wieder traf, fragte ich sie natürlich, wie es ihrem Sohn gehe, den ich gar nicht persönlich kenne. Lächelnd erwiderte sie: »Oh, es geht ihm sehr gut. Das einzige Problem ist, dass er jetzt partout nach Katmandu will …«

Eine andere Geschichte mit anderem Ausgang, aber gleichem Tenor: Ein kleiner Junge von sechs Jahren kommt zu mir. Schon beim Betreten des Wartezimmers ruft er: »Ich bin adoptiert worden! Ich bin adoptiert worden!« Als er in mein Büro kommt, sagt er es gleich wieder. Seine Eltern wehren ab und erklären ihm:

»Aber nein, wir sind deine Eltern, das haben wir dir doch schon so oft gesagt. Deshalb sind wir jetzt mit dir zum Psychiater gegangen.«

Der Kleine hört kaum zu und fängt aufgeregt wieder an:

»Ich sage dir, ich bin adoptiert worden!«

Die Mutter wird ein wenig unruhig und murmelt etwas, das ich nicht verstehe. Ich bitte sie, es deutlicher zu wiederholen, aber die Antwort ist nur ein leises Zischeln. Ich spitze die Ohren, das Zischeln klingt wie in einem Seufzen aus: ffff … Mir dämmert etwas.

»Wollen Sie sagen, dass der Junge durch eine IVF* gezeugt wurde?«

Das Kind bricht in Gelächter aus:

»Da siehst du's, ich bin adoptiert worden!« Die triumphale Erklärung begleitet er mit einer erstaunlichen Grimasse, als ob er in eine Pipette blasen würde. Überrascht wende ich mich den Eltern zu:

»Haben Sie ihm erklärt, wie eine IVF vor sich geht?«

»Man hat uns gesagt, dass wir ihm immer die Wahrheit sagen sollen.«

Ja, nur dass die Wahrheit manchmal entsetzlich unpoetisch ist ... Ist das wissenschaftliche Faktum von tiefgefrorenen Pailletten zumutbar für ein Kind? Jedenfalls scheint es das für dieses hier nicht zu sein. Es weiß eindeutig zu viel darüber.

Trotz allem muss ich weiterfragen. Handelt es sich um eine IVF mit Spendersamen, oder stammt der Samen vom Vater? Die Mutter erklärt, dass der väterliche Samen zu schlecht war und aufbereitet werden musste. Das Kind ruft wieder triumphierend dazwischen:

»Da siehst du's! Ich bin adoptiert worden, weil er nicht Papa werden kann!«

Als er allein mit mir ist, erklärt er mir, dass er durchaus verstanden habe, dass seine Mama wirklich seine Mama sei, weil er aus ihrem Bauch komme. Aber sein Papa könne nicht sein Papa sein: wegen der Tiefkühlschränke, weil er nicht in ihm drin entstanden sei. Ich erläutere ihm, dass das eigentlich immer so funktioniere: Das Sperma komme

* IVF = In-vitro-Fertilisation (künstliche Befruchtung)

aus dem Papa heraus und gehe in die Mama hinein. Aber er unterbricht mich mit der Miene desjenigen, der sich nicht hinters Licht führen lässt, und sagt mit einer obszönen Geste – er formt mit zwei Fingern einen Ring und steckt einen dritten hinein: »So geht das, man steckt ihn hinein, und dann fängt man an zu leben. Aber ich bin nicht so entstanden.«

Wo er Recht hat, hat er Recht. So wurde er nicht gezeugt. Dass man ihm die Wahrheit schonungslos offenbart hat, führt nun dazu, dass er seinen biologischen Vater ablehnt, weil er findet, dass er nicht wirklich sein Vater ist.

Sicherlich war es für den Vater sehr schwer, über seine Fruchtbarkeitsstörung zu reden, ebenso wie für die Mutter, sich an all die Eingriffe und Untersuchungen zu erinnern, die sie über sich ergehen lassen musste. Und alle beide luden die Emotionen, die auf ihnen lasteten – bei ihm die Betroffenheit über seine Beinahe-Sterilität, bei ihr der Schmerz darüber, in eine Reagenzglasbefruchtung eingewilligt zu haben –, auf das Kind ab und erwarteten, dass es diese belastende Realität versteht.

Ich will Eltern keinesfalls dazu ermutigen, ständig und über alles zu lügen, aber ich möchte sie doch an eines erinnern: Aus einer Lüge entsteht manchmal ein Roman, und der Roman wiederum verleiht dank seiner poetischen Kraft die Fähigkeit, die Realität des Lebens zu ertragen. Das Imaginäre ist nicht immer wahr, aber immer notwendig.

Ideale Beratungen

Immer wieder in die Klinik zurückkehren: Das ist das einzig Wahre. Immer wieder Begegnungen und Austausch suchen. Sich immer wieder vom anderen verführen, neugierig machen lassen. Niemals die Energie verlieren, im Kontakt zu sein. Lieber sensible Empathie als wohlwollende Neutralität, ein für alle Mal. Am Ende entsteht eine poetische Dimension, die es offensichtlich macht, dass Kinderpsychiater selbst an aktiven infantilen Neurosen leiden.

Eine fiktive perfekte Beratung

Träumen wir ein wenig ...

Als renommierter Kinderpsychiater könnte ich anfangen, mich auch mit Jugendlichen und ihren Problemen zu beschäftigen, weil ich der Meinung bin, dass die Probleme der Kindheit für die der Adoleszenz verantwortlich sind.

Ich könnte die Dinge auf zwei Arten sehen. Einerseits könnte ich davon ausgehen, dass alles linear verläuft. Man nimmt an, dass es eine starke Kontinuität zwischen den verschiedenen Lebensaltern gibt. Nach dieser These erklären Wiederaufleben und Verschärfung von ödipalen Konflikten sämtliche Probleme der Jugendlichen. Andererseits könnte ich gerade die besonderen Veränderungen in diesem Lebensabschnitt analysieren, indem ich davon ausgehe, dass eine schwierige Kindheit nicht unbedingt eine konflikthafte Adoleszenz nach sich zieht, während einer turbulenten Jugendzeit durchaus eine unbeschwerte Kindheit vorausgehen kann.

Ich wüsste, dass es zwei Sorten Psychiater für Jugendliche gibt: solche, die in der pädiatrischen Psychiatrie, und solche, die in der adulten Psychiatrie ausgebildet wurden. Ihre Ansätze und Therapievorschläge unterscheiden sich grundlegend. Aus einer distanzierten Position heraus könnte ich sie gut gegeneinander abwägen, indem ich sie auf Möglichkeiten, Konsequenzen, Besonderheiten und Nutzen hin prüfe. Und als hervorragendem Arzt würde mir natürlich eine Synthese aus all diesen Vorgaben gelingen.

Träumen wir weiter …

Ein Mädchen kommt zu mir, in Tränen aufgelöst. Bei ihr ist ihre Mutter, die heftig über sie klagt: Sie sei faul auf dem Gymnasium, obwohl sie in der Grundschule so gut gewesen sei; sie sei von zu Hause weggelaufen, treibe sich mit einer Clique zweifelhafter Typen herum, und zu guter Letzt habe sie sich auch noch die Haare blau gefärbt wie ihre Punkfreunde. Die Mutter begreift diese abrupte Veränderung nicht. Mehrmals im Gespräch versichert sie, dass »sonst alles in Ordnung« sei, ihre Tochter habe allen Grund, glücklich zu sein, lebe sie doch in einer Familie ohne besondere Probleme.

Ich höre dieser Frau, die durch das Verhalten ihrer Tochter aus dem Gleichgewicht gebracht ist, aufmerksam zu. Dann bitte ich sie, uns allein zu lassen.

Auch als die Mutter draußen ist, hört das junge Mädchen nicht auf zu weinen und erklärt in einer Mischung aus Wut und Traurigkeit, sie sei eine Enttäuschung für ihre Eltern, aber vor allem für sich selbst.

Ich frage sie, ob sie schon eine Vorstellung habe, welchen Beruf sie später ausüben wolle. Sie antwortet, dass sie davon träumt, Journalistin zu werden, aber sie wisse, dass jetzt alles im Eimer sei, sie schaffe es nicht, sie habe alles vermasselt … Ich erwidere, dass ich vom Gegenteil überzeugt sei; ich glaube, so versichere ich ihr, dass sie durchaus ihren Traum verwirklichen könne, doch sie hört mir kaum zu, ganz versunken in ihr Wehklagen. Sie spricht viel von ihrem Vater, der bei dieser ersten Sitzung nicht dabei ist. Er verachte, überwache und ignoriere sie und habe sie außerdem wüst beschimpft, als er erfuhr, dass sie einen Freund hat.

Ich höre einfach zu und hüte mich, sie zu unterbrechen oder diesen Mann zu kritisieren, den ich gar nicht kenne. Ich schlage dem jungen Mädchen vor, einmal die Woche zu mir zu kommen und mindestens einmal ihren Vater mitzubringen.

Einige Zeit später lerne ich ihn kennen. In Wirklichkeit entspricht er keineswegs der Beschreibung, die mir seine Tochter gegeben hat: Sicherlich ist er ein wenig streng und projiziert auf seine Älteste den Wunsch nach dem Universitätsabschluss, den er selbst nicht hat. Aber wenn ihm etwas vorzuwerfen ist, dann höchstens zu viel Aufmerksamkeit und nicht Desinteresse, wie sie behauptet hat.

Im Laufe der Sitzungen scheint das Mädchen sich zu fangen. Das Gefühl, nichts wert zu sein, lässt nach, sie bestätigt sich selbst und entspricht immer mehr den Zielen, die sie sich selbst gesetzt hat, wie auch dem Bild, das sich ihre Eltern von ihr gemacht haben. Überdies klagt sie immer weniger über ihren Vater und akzeptiert am Ende sein Verhalten als Beweis für Liebe und Aufmerksamkeit. Als sichtbares Zeichen der Beruhigung kommt sie zur siebten Sitzung mit gekämmten Haaren, auch wenn sie nach wie vor leuchtend blau sind. Sie fängt wieder an zu lernen, erinnert sich ihrer Freunde, die sie vernachlässigt hatte, und zeigt sich überhaupt unternehmungslustiger.

Hat es ihr schon gereicht, sich einem Dritten gegenüber zu beklagen, um ihren Familienroman zu entzaubern und das idealisierte Bild ihres Vaters zu zerstören? Ich glaube, ich diente ihr dabei vor allem als Quelle einer notwendigen Dosis Narzissmus: Das Mädchen zweifelte an sich selbst und projizierte diese negative Meinung über sich selbst auf die Eltern – vor allem auf den Vater –, der möglicherweise dieses Gefühl der Minderwertigkeit ausgelöst hat. Als moderne Eltern legten sie Wert auf Offenheit und riefen ihre Tochter auf, ihnen voller Vertrauen alles zu sagen. Doch wenn sie tatsächlich etwas erzählte, erntete sie nichts weiter als Schuldsprüche. Als sie zum Beispiel erwähnte, dass sie eine erste sexuelle Beziehung mit einem Jungen gehabt habe, nannte ihr Vater sie ohne zu zögern eine Schlampe. Den Rest der Predigt kann man sich ausmalen: Ihre Freunde seien Versager, sie brächte es nie zu etwas, würde sich alle ihre Möglichkeiten versauen und so weiter und so fort. In solche Phrasen flüchten sich alle Eltern irgendwann, wenn sie das Verhalten ihres Kindes aus der Fassung bringt. Das ist nicht weiter tragisch, es sei denn, diese Phrasen werden zu häufig wiederholt. Dann nämlich hinterlassen sie Spuren. Wie bei diesem Mädchen, das ohnehin durch die Wirren und Wandlungen der Adoleszenz verunsichert war und nun auch noch bei den Eltern nicht mehr die Vertrauensgarantie fand, die sie brauchte. Mit ihrem Verhalten versuchte sie nur, dem schlechten Bild gerecht zu werden, das die Eltern ohnehin von ihr hatten.

Ich als Psychiater dagegen zweifle nicht an ihr. Niemals. Schon vom ersten Gespräch an zeige ich ihr das Vertrauen, das ich in sie und ihre Erfolgschancen habe, und bekräftige es bei jeder Sitzung. Ich werde zu einer Art Spiegel, der ihr ein schmeichelhafteres Bild von sich zuwirft. Erinnern Sie sich an Schneewittchens Stiefmutter: »Spieglein, Spieglein an der Wand, wer ist die Schönste im ganzen Land?« Auf diese Weise gewinnt das junge Mädchen Stück für Stück die Sicherheit zurück, die sie verloren hat.

Am Ende des letzten Gesprächs erklärt sie mir: »Es geht mir gut jetzt. Ich weiß, dass ich Journalistin werde.«

Ich wünsche ihr alles Gute, und als ich ihr nachsehe, denke ich: »Und ich werde Psychiater.«

»Du bist gar kein Doktor …«

Mittwoch ist Kindertag, das heißt Nonstop-Sprechstunden. Für mich persönlich habe ich den Mittwoch »Annapurna« getauft. Wenn ich sehe, was mich erwartet, fürchte ich mich jedes Mal ein wenig, und hinterher bin ich immer völlig erschöpft, aber auch reicher an Begegnungen und Entdeckungen.

An diesem Mittwoch hat der kleine Paul schon im Wartesaal für Riesenchaos gesorgt. Der kleine Tyrann will drei Videospiele auf einmal für sich haben, ohne eine Sekunde an die anderen Kinder zu denken, will ständig auf die Toilette und fordert in einer Tour seine Mutter auf, ihm etwas vorzusingen.

In meinem Büro fängt er an zu malen, bemüht, keine meiner Fragen zu beantworten und nicht den Grund für sein Hiersein anzusprechen.

Paul ist fünf. Sauber seit dem Alter von 23 Monaten, hat er nach der Geburt seiner kleinen Schwester wieder angefangen, Pipi ins Bett zu machen. Dieser durchaus klassische Fall liegt insofern komplizierter, als Paul außerdem tagsüber in der Schule in die Hosen nässt, entweder weil er, wie er selbst sagt, es nicht merkt, oder weil ihm die Toiletten zu dreckig sind. Immerhin gibt er am Ende zu, dass es besser wurde, seit seine Mutter sich bei mir einen Termin geholt hat. Zweimal hat er in der Schule schon nicht mehr Pipi gemacht ... Aber, so fügt er hinzu, sein Schwesterchen trage immer noch Windeln.

Eine banale Geschichte. Es ist hart, ein Brüderchen oder Schwesterchen zu bekommen, mit dem man die elterliche Liebe teilen soll. Die Geburt ist eine Prüfung, vor allem wenn man vorher so unvorsichtig war, sich den berühmten kleinen Bruder zu wünschen, und die Eltern diesen Wunsch für aufrichtig hielten. Die Ankunft eines zweiten Kindes in der Familie wird vom älteren immer als affektive und emotionale Vernachlässigung erlebt. Eine Vernachlässigung, die weniger stark empfunden wird, wenn sieben oder acht Jahre zwischen beiden Kindern liegen, weil der Ältere dann schon genügend Zeit hatte, sich wie ein Einzelkind zu fühlen. Alle Kinder wollen einzig sein, alle Kinder fragen sich immerzu, welches von den Geschwistern die Eltern wohl bevorzugen. Und bei allem guten Willen begehen alle Eltern Fehler. Ein unüberlegter Ausruf in Anwesenheit des kleinen Jungen: »Ach! Ein kleines Mädchen, ich habe mir so sehr ein kleines Mädchen gewünscht ...« Wie soll er das begreifen? Wie soll er verstehen, dass das nicht gleichzeitig heißt, sie wären bei seiner Geburt enttäuscht gewesen? Wie soll er weiterhin begreifen, dass dieses kleine Ding in der Wiege, das nur weint und in die Windeln macht, nicht spricht, aber die Eltern rund um die Uhr beschäftigt, dass dieses Ding das große Glück sein soll? Dabei macht er doch alles, wie es sich gehört, bemüht sich, groß zu sein, geht in die Vorschule und wartet brav, bis er abgeholt wird. Aber er bekommt keinen Dank dafür.

Ich glaube, man muss bei der Geburt eines zweiten Kindes wirklich höllisch aufpassen. Man kann noch so viel erklären und dem Älteren Verantwortung für das Kleine übertragen, es wird niemals genügen. Das beste Mittel, das Verlassenheitsgefühl des Älteren gegenüber dem Geschwisterchen zu mildern, scheint mir, von vorher zu reden, von der Intimität der Zeit, als das Neugeborene noch nicht da war. Doch das tun Eltern selten, wenn überhaupt, da sie viel zu beschäftigt mit dem neuen Winzling und ihrem Traum von der perfekten Familie sind. Meistens beschränken sie sich darauf, entzückt zu verkünden: »Jetzt seid ihr zu zweit.« Als ob sie die Vergangenheit ausradieren wollten und damit alles, was war, als der/die Älteste noch ein Einzelkind war.

Die Eifersucht tritt quasi natürlich, ja unvermeidlich zutage und findet häufig Ausdruck in der so genannten sekundären Enurese: Das bereits saubere Kind fängt wieder an, Pipi ins Bett zu machen. Mit dieser Regression, diesem Entwicklungsrückschritt, versucht es, Aufmerksamkeit auf sich zu lenken, damit man sich um es genauso kümmert wie um das Neugeborene, das die Eltern stark in Anspruch nimmt. Diese Art von Demonstration dauert nur kurz, ist aber ein aggressives Symptom, das den Eltern Schuldgefühle verursacht: »Haben wir unserem Ältesten geschadet, indem wir ihm ein Geschwisterchen aufzwangen?« In Pauls Fall kommt jedoch noch etwas hinzu: Enuresis nocturna, das nächtliche unbewusste Einnässen, ist ein Anzeichen für »klassische« Eifersucht, das meist nach einiger Zeit von selbst verschwindet. Enuresis diurna, das Einnässen tagsüber, ist jedoch ein Hinweis auf große

Angst und eine gewisse Aggressivität gegenüber den Eltern.

Nach dieser ersten Sitzung, als ich Paul und seine Mutter gerade hinausbegleitet habe, kommt meine Sekretärin aufgeregt in mein Büro. Paul ist zurück ins Wartezimmer marschiert, wo er Eltern und Kinder darüber aufklärt, dass ich ja gar kein richtiger Doktor sei. Ich gehe sofort hinüber und frage ihn nach dem Grund für seinen Zorn. Die entwaffnende Antwort: »Du hast mir kein Stäbchen in den Mund gesteckt und nicht mit der Lampe in meine Ohren geschaut, also bist du kein Doktor!« Woraufhin er schließlich bereit ist zu gehen.

In der Woche darauf ist das ganze Team für seinen Besuch gerüstet. Entgegen unseren Befürchtungen ist Paul aber diesmal ruhiger und passt aufmerksam auf seine kleine Schwester auf. Während ich zu einem Heranwachsenden niemals sagen würde, dass seine Eltern wirklich furchtbar sind, pflichte ich einem Kind, in diesem Fall Paul, ungerührt bei: »Stimmt, sie scheint mir ein bisschen nervig, deine kleine Schwester ... Du bist doch viel stärker als sie ...« Ich muss laut aussprechen, was er denkt, ohne jedoch Erklärungen mitzuliefern. »Wünschst du dir nicht manchmal, sie wäre tot?« Bei meinen Fragen lege ich mir keine Fesseln an, aber ich bin auf der Hut. Denn selbst wenn meine Worte suggestiv klingen, so ist es trotz allem er selbst, der den Wunsch empfindet, sein Schwesterchen loszuwerden, und solche Emotionen sorgen immer für schwere Schuldgefühle. Mir ist sehr wohl bewusst, dass die Frage schrecklich aggressiv klingen mag, aber im Grunde ist sie klassisch und geht auf eine Theorie von Melanie Klein zurück, die sie 1932 in *Die Psychotherapie des Kindes* vorgestellt hat. Einen sehr gehemmten kleinen Jungen, der zu ihr in die Therapie kam, fragte sie geradeheraus: »Hast du Angst, dass ich dich umbringe?« Das ist, wie Sie sicher auch finden, wesentlich aggressiver als meine Frage. Anschließend erläutert Klein, dass ein gehemmtes Kind immer Angst hat zu sterben, und zwar durch die Hand eines Dritten. Das stört seine Kommunikationsfähigkeit, weil es alle Mitmenschen als potenzielle Mörder betrachtet. Ich benutze die Kleinsche Methode mit dem Hintergedanken, dass in der Geschwisterrivalität der eine immer den Tod des anderen wünscht, um wieder einzig zu werden. Wenn tatsächlich Tod oder Krankheit eintreten, wird die Sache komplizierter, weil das Kind schreckliche Schuldgefühle bekommt bei der Vorstellung, für das Geschehene verantwortlich zu sein.

Was mich an eine kleine Meldung erinnert, die ich kürzlich in der Zeitung gelesen habe: Ein kleiner Junge überlebte eine Lawine, in der sein bester Freund umkam. Erstaunlicherweise hatte die Mutter des Jungen mit ihm anschließend weniger Probleme als mit seiner älteren Schwester. Sie wusste, dass das Mädchen vor dem Aufbruch in die Berge zu ihrem Bruder gesagt hatte: »Am besten du krepierst, dann bin ich dich endlich los ...« Zu Recht kümmerte sie sich verstärkt um ihre Tochter, die sich zweifellos schuldig fühlte am Unfall des Bruders, weil sie ihn sich gewünscht hatte.

Wenn ich Pauls Schwester kritisieren möchte, muss ich sie erst einmal kennen lernen, sonst verliere ich jede

Glaubwürdigkeit. Solange sie nicht anwesend ist, erzählt mir der kleine Kerl von einer imaginären Schwester. Wenn sie da ist, wird sie real – nervtötend, aber real, und ihm wird klar, dass er sie für lange Zeit nicht los wird, dass die kleine Schwester in gewisser Weise ein unerlässliches Übel ist, mit dem er sich abfinden muss. Alle Kinder der Welt denken nämlich zeitweise, vielleicht ist es ja nicht endgültig, vielleicht verschwindet das Baby wieder wie durch ein Wunder, so wie es aufgetaucht ist.

Bei mir kann sich der Junge freier fühlen als bei seinen Eltern. Er muss nicht das erfüllen, was sie von ihm erwarten, muss sich nicht beugen und gegen seinen Willen den Ko-Erzieher der kleinen Schwester spielen, sie anlächeln, liebhaben und ihr Spielzeug aufheben. Bei mir kann er Ungeduld und Aggression zum Ausdruck bringen. Vor allem aber kann er einen Schmerz zeigen, den er seinen Eltern niemals anvertrauen würde. Ich bin somit Zeuge seiner Verunsicherung, und genau das ist es, was heilsam auf ihn wirkt.

Paul ist sich dessen durchaus bewusst. Nach der zweiten Sitzung folgt das gleiche Szenario wie nach der ersten, nur dass diesmal meine Sekretärin nicht aufgeregt, sondern grinsend in mein Büro kommt. Paul steht im Wartezimmer und ruft unüberhörbar: »Er ist ein Doktor, ein richtiger Doktor!« Ich gehe auch jetzt hinüber und frage ihn, warum er seine Meinung geändert hat. Die Antwort ist wiederum entwaffnend: »Ich male, ich rede mit dir, und ich mache nicht mehr Pipi ins Bett, also bist du ein richtiger Doktor!«

Er hat genau begriffen, dass es nicht nur eine einzig mögliche Heilmethode gibt. Wo manche zu Medikamenten greifen, führen andere Gespräche und stellen Fragen, wie die Psychiater, und das kann ebenso zur Genesung führen.

Die positive Lehre aus dieser Geschichte: Bereits ab dem Zeitpunkt, als Pauls Mutter bei mir anrief, um sich einen Termin zu holen, nahm seine Enurese ab. Man kann sagen, ab dem Moment, in dem sich die Eltern für eine Therapie entscheiden, ist die Schlacht schon gewonnen. Kinder verstehen diesen Schritt keineswegs als Kapitulation, sondern hören etwas heraus wie: »Mir ist sehr wohl bewusst, dass es ein Problem gibt, aber ich habe es nicht mehr im Griff, und deshalb brauchen wir Hilfe.« Wahrscheinlich erkennen sie darin genau die Aufmerksamkeit der Eltern, die sie mit ihrem Verhalten die ganze Zeit eingefordert haben.

Eine ketzerische Frage an das geheimnisvolle Unbewusste: Hätte sich der Knirps auch ohne mich gefangen, hätte er auch ohne meinen Eingriff aufgehört, Pipi ins Bett zu machen?

Der englische Psychoanalytiker Donald Winnicott sprach von »therapeutischer Beratung«, wenn eine einzige Sitzung das Gleichgewicht der Familie und die Position des Kindes so verändert, dass sie an sich bereits heilsam wirkt. Die Beratung als vollwertige Behandlung. Man muss nicht unbedingt langwierige Therapien veranstalten, um ein guter Psychiater zu sein.

Ich will hier keine Eigenwerbung machen, aber überspitzt ausgedrückt, bin ich doch der Meinung, man müsste alle Kinder zum Psychiater schicken. Wenn sich nachher herausstellt, dass es unnötig ist, umso besser! Aber sobald sich eine Störung in der Entwicklung einstellt – und mit fünf Jahren, nachdem man längst trocken ist, wieder einzunässen, das ist eine Störung –, muss man professionelle Hilfe suchen. Wenn man unwillkürliche und unbewusste psychische Prozesse ignoriert, riskiert man, dass sich schwere Pathologien daraus entwickeln. Erstaunlicherweise wird diese Frage in der Medizin gar nicht erst gestellt. Wenn das Kind eine eitrige Angina hat, geht man mit ihm zum Internisten. Da bestimmte Streptokokken, welche besagte Halsentzündung auslösen, auch für akute Arthritis verantwortlich gemacht werden, verschreibt der Allgemeinmediziner Antibiotika, und niemand würde dies in Frage stellen. Dabei wäre das Kind vielleicht auch ohne Antibiotika nicht an akuter Arthritis erkrankt … Das Gleiche ist es mit der Psychiatrie. Vielleicht wäre Pauls Enurese auch ohne mein Zutun verschwunden. Vielleicht hätte sie aber auch angedauert, oder er hätte andere Symptome entwickelt. Warum mit professioneller Hilfe warten, bis sich die Dinge dramatisch zugespitzt haben? Warum den Psychiater erst dann einschalten, wenn er praktisch keine Chance mehr hat zu heilen?

Die schönste Weste der Welt

Er ist ein kleiner Junge von neun Jahren mit Mandelaugen, die hinter ihrem Tränenschleier noch dunkler und leuchtender wirken.

Seine Mutter erklärt mir in wenigen Worten, warum sie zu mir kommt: »Er ist schlecht in der Schule, dabei sprüht er vor Intelligenz.« Dass er intelligent ist, glaube ich ihr aufs Wort, dafür brauche ich weder psychometrische Tests noch weitere Gespräche. Die Mutter fährt fort: »Wenn er schlechte Noten hat, schlägt ihn sein Vater.« Sie fügt hinzu, dass ihr Mann häufig gewalttätig geworden ist und sie sich vor drei Jahren von ihm getrennt hat.

Daraufhin frage ich sie, ob sie mich mit ihrem Sohn allein lassen möchte, vorausgesetzt er ist einverstanden. Beide stimmen zu. Ich setze mich neben das Kind, er rückt mit seinem Stuhl noch näher an mich heran, und seine Tränen strömen noch heftiger. Als ich ihn nach den Gründen für diesen schweren Kummer frage, sagt er mir – natürlich –, dass er Angst hat, dass sein Vater mit seinen Zensuren nicht zufrieden ist. Aber das ist nicht sein eigentliches Unglück. Ich frage weiter, um die wahre Ursache zu erkunden. Er schluchzt und weint, bis er endlich herausbringt: »Es ist, weil mein Opa gestorben ist … Er war der beste und netteste Opa auf der Welt.« Gerührt von dieser

Liebeserklärung frage ich ihn, welchen Beruf dieser außergewöhnliche Großvater hatte. »Er hatte alle Berufe der Welt.« Und welcher davon war ihm am liebsten? »Er war der größte Schneider von der Welt!« Und was schneiderte er zum Beispiel? »Er hat mir die schönste Weste von der Welt genäht. Sie war mit Gold und Edelsteinen besetzt und hat in der Sonne geglitzert und sogar nachts.« Dann fügt er hinzu: »Weißt du, ich habe die Weste aufgehoben. Ich will sie meinem kleinen Jungen schenken, wenn er drei Jahre ist.« Es ist ein außergewöhnlicher Gedanke für sein Alter, mit dem er eine Brücke zwischen der wunderbaren Vergangenheit, die vom strahlenden Schein eines idealisierten Großvaters erhellt ist, und einer möglichen Zukunft schlägt.

Jetzt treten mir Tränen in meine dunklen Augen. Beim Zuhören wird mir klar, dass die Aggressivität und dann der Fortgang des Vaters weitgehend durch die besondere und beruhigende Präsenz des Großvaters kompensiert worden waren. Sein Tod löste in dem Jungen Verunsicherung und Angst aus, seine Zukunft zu verpatzen. Auf diese Weise wurde das Kind mit den schönen Augen mit einem doppelten Verlust konfrontiert: dem seiner Familie und dem des geliebten Opas. Seine Empfindsamkeit, Panik und der plötzliche Abfall seiner schulischen Leistungen werden so leicht verständlich. Dennoch mache ich mir um seine Entwicklung keine Sorgen: Wenn jemand seine Vergangenheit so poetisch und strahlend sieht, kann man mit Gewissheit sagen, dass er auch eine Zukunft hat.

Ein paar Tage später lasse ich den Vater kommen, der Fernfahrer von Beruf ist, um mit ihm über seinen Sohn und dessen Verunsicherung zu reden. Er ist einverstanden damit, zu mir zu kommen und mit mir zu sprechen, ein Zeichen dafür, dass ihm die Probleme in der Beziehung zu seinem Sohn bewusst sind und er sie beseitigen möchte. Seine Aggressivität dem Kind gegenüber liegt wahrscheinlich darin begründet, dass er versucht, ein besonders guter Vater zu sein: Er wollte, dass der Junge dort erfolgreich war, wo er versagt hatte, und duldete nicht die kleinste Schwäche. Unser Gespräch hat ihn jedenfalls dazu bewegt, sein unnachgiebiges und brutales Verhalten zu ändern. Recht schnell erreichte der Junge in der Schule wieder Noten, die seiner Intelligenz entsprachen.

Im Verlauf unserer Gespräche erzählt mir der Kleine von seinem Großvater und seinen Schulproblemen, während ich ihn auf das lenke, was er gern mag, was ihn interessiert, auf alles, was dem Lebenstrieb entspringt: »Okay, du hast schlechte Noten, aber erzähle mir doch lieber von der Zeit, als du gut warst in der Schule …« Das Material, das dem Psychiater zur Verfügung steht, ist all das aus der Geschichte des Patienten, was einen Weg in die Zukunft weisen kann.

Die Arbeit ist auf jeden Einzelnen persönlich zugeschnitten. Diesem kleinen Jungen mit den schwarzen Augen hat geholfen, dass er die Bilder seines wunderbaren Großvaters auf mich projizieren und mich als Ersatz für ihn betrachten konnte. Er war so weit beruhigt, dass er mir vertrauensvoll von seiner Verunsicherung erzählen konnte. Es war, als ob er mir sagen wollte: »Mein Vater ist weder nett noch gut, aber wenn du vielleicht mein Großvater wärst, könntest du ihm klar machen, dass er sein Verhalten ändern muss.« Vielleicht ist mir das gelungen, als ich mit seinem Vater sprach, denn er hörte mir zu wie seinem eigenen Vater.

Einige Zeit später sehe ich den kleinen Jungen mit den schwarzen Augen wieder. Ich frage ihn, welchen Beruf er einmal ergreifen will. Die Antwort ist ein Geschenk in Form eines Bekenntnisses: »Vorher wollte ich Schneider werden wie mein Großvater. Aber jetzt möchte ich, glaube ich, Kinderpsychiater werden.«